스튜디오 지브리의
비하인드 스토리

스튜디오 지브리의
비하인드 스토리

오카다 도시오 지음

미야자키 하야오가 그리는
삶과 판타지

MIYAZAKI HAYAO

크록

일러두기

1. 이 도서는 일본 〈SB Creative〉에서 출간한 『誰も知らないジブリアニメの世界』를 번역한 도서입니다.

2. 영상 작품은 《 》, 음악 및 그림은 〈 〉, 도서는 『 』 기호를 사용해 표기했습니다.

3. 언급된 작품명은 모두 원서를 기준으로 하였으며, 처음 언급되는 부분에만 원어 제목을 병기했습니다.

4. 외국 인명, 지명, 독음 등은 외래어표기법을 따르되 관용적인 표기와 동떨어진 경우 절충하여 실용적인 표기를 따랐습니다.

5. 엔화는 100엔 당 한화 1,000원으로 책정해 표기하였으며, 억 이하의 단위는 반올림했습니다.

오카다 도시오

지음

1958년 오사카에서 태어났다. 1984년 애니메이션 제작사 가이낙스GAINAX를 설립해 사장을 역임했다. 이후 도쿄대학 비상임 강사로 취임하면서 작가 및 평론가로 활동을 시작했다. 릿쿄대학과 메사추세츠공과대학 강사, 오사카예술대학 객원 교수 등을 역임했다. 레코딩 다이어트를 주장한『항상 돼지일 거란 생각은 버려いつまでもでぶと思うなよ』가 50만부를 돌파하면서 베스트셀러에 올랐다. 이를 계기로 다양한 저서를 내며 활발한 활동을 이어왔다. 현재는 100만 명 이상의 구독자를 가진 크리에이터로 활동하고 있다.

미야자키 하야오는
무엇을 그리고 있는가

미야자키 하야오, 그 이름을 모르는 사람은 없을 것이다. 모두가 사랑하는 애니메이션 감독, 미야자키 하야오는 기자 회견을 열어 《바람이 분다》를 마지막으로 은퇴 의사를 밝혔다. 하지만 2016년 11월 NHK에서 방영된 다큐멘터리를 통해 은퇴 선언을 번복하고 신작 장편 애니메이션을 제작하고 있다는 사실이 알려졌다.

《바람이 분다》가 개봉한 지 10년이 지났다. 2023년 7월 드디어 《그대들은 어떻게 살 것인가君たちはどう生きるか》가 일본에서 개봉되었다. 거장이 새로운 작품을 발표하기까지 이렇게 오랜 시간이 걸린 적은 처음이다. 사람들은 여든을 넘긴 미야자키 하야오가 보여줄 새로운 세계를 손꼽아 기다려 왔다.

신작을 준비 중이라는 사실이 밝혀지면서 은퇴 선언으로 인해 해체되었던 스튜디오 지브리에 우수한 인재들이 모여들었다는 소식이 나의 귀에도 들려왔다. 지브리는 과연 신작에서 어떤 이야기를 우리에게 보여줄까? 발전한 기술로 새로운 시도를 했을까? 상상만으로도 가슴이 두근거린다.

그동안 미야자키 하야오의 작품은 여러 분야로 뻗어나갔다. 일본에서는 인기 배우를 주인공으로 캐스팅한 《센과 치히로의 행방불명》의 연극이 무대에 올랐다. 2022년 11월에는 아들 미야자키 고로가 기획에 참여한 '지브리 파크'가 오픈하기도 했다. 해외에서도 지브리 애니메이션의 반응은 뜨거웠다. 영국에서 《이웃집 토토로》가 연극으로 제작되었으며, 미국 아카데미 영화 박물관에서는 개관 기념으로 '미야자키 하야오 특별전'이 개최되었다. 지브리와 관련된 기획은 전 세계에서 큰 성공을 거뒀다. 사람들이 얼마나 미야자키 하야오의 세계관을 기다리고 있는지 엿볼 수 있다.

또한 미야자키 하야오와 직접적인 연관은 없지만, 디즈니 플러스에서는 무려 《스타워즈Star Wars》를 탄생시킨 루카스 필름과 스튜디오 지브리가 콜라보레이션한 작품을 볼 수 있다. 이 애니메이션에는 《이웃집 토토로》에 등장하는 검댕 먼지가 등장한다.

이 책은 미야자기 하야오의 작품이 일으키는 흥행 돌풍 가운데 신작 개봉을 앞두고 그의 과거 작품을 되돌아보기 위해 쓰였다. 지금까지 미야자키 하야오는 작품 속에서 어떤 이야기를 풀어내고 무엇을 그려왔는지, 스튜디오 지브리에서 제작한 열 편의 장편 애니메이션을 해석해 볼 것이다.

늦었지만 자기소개를 해볼까 한다. 이름은 오카다 도시오로, 1984년 애니메이션 제작사 가이낙스 설립에 참여했다. 프로듀서이자 경영자로서 《왕립우주군: 오네아미스의 날개 王立宇宙軍 オネアミスの翼》와 《신비한 바다의 나디아ふしぎの海のナディア》라는 작품을 제작했다. 작가 및 평론가로서 새로운 활동을 시작했으며, 지금은 '오카다 도시오 세미나'라는 팟

캐스트를 운영하고 있다. 애니메이션을 비롯해 영화 및 도서까지 다양한 작품을 해석하며 고민 상담을 해주기도 한다.

미야자키 하야오의 이름을 알게 된 것은 1980년대의 일이다. 아직 《바람계곡의 나우시카》가 개봉하기 전이었다. 가이낙스를 함께 세우고, 훗날 《신세기 에반게리온新世紀エヴァンゲリオン》을 만든 안노 히데아키는 일찍이 그의 엄청난 재능을 알아봤다. 애니메이터로서 미야자키 하야오의 재능은 대단했다. 그가 연출한 TV 시리즈 《루팡 3세ルパン三世》의 폭발 장면을 몇 번이고 돌려 보던 안노의 모습이 지금도 선하다.

그렇다면 애니메이터가 아니라 감독으로서의 미야자키 하야오는 어떨까. 미야자키 하야오의 상징으로 여겨지는 셀 애니메이션 기법(투명한 셀룰로이드 필름 위에 수작업으로 채색해 배경 위에 놓고 촬영하는 기법.-옮긴이)을 비롯해 스튜디오 지브리의 뛰어난 애니메이션 기술은 이미 널리 알려져 있다. 엄청난 기술로 그려내는 장면이나 캐릭터에는 과연 어떠한 의도가 숨겨져 있을까. 아름답고 재미있는 애니메이션에 사로잡혀 그

안의 의도까지 찾아내지 못할 수도 있다.

애니메이션을 제작하는 입장과 애니메이션을 감상하고 해석하는 입장을 모두 겪은 뒤에야 비로소 애니메이션은 만드는 것보다 보는 것이 더 재미있다는 사실을 깨달았다. 그래서 스튜디오 지브리와 비슷한 수준의 작품을 만드는 일이 상당히 어렵다는 것도 잘 알고 있다. 그 과정에 담긴 노력을 생각한다면 작품을 그냥 보는 것보다 깊은 의도까지 음미하는 것이 관객이 갖춰야 할 예의가 아닐까.

이 책은 오카다 도시오 세미나에서 설명했던 내용을 바탕으로 만들었다. 출간에 앞서 원고를 많이 수정하고 재구성해 작품마다 주제를 정했다. 이 책을 읽고 나서 작품을 다시 볼 때, 독자들이 무언가 새로운 것을 찾아낼 수 있기를 바란다.

물론, 어떤 해석이나 생각도 자유롭게 즐길 수 있어야 한다. 다만 이 책에서는 더욱 확실한 답을 얻고자 미야자키 하야오와 프로듀서인 스즈키 도시오 등 관계자의 발언을 중요하게 다뤘다. 인용된 주요 참고문헌은 마지막에 정리했으니 미야자키 하야오를 더 깊게 이해하고 싶다면 직접 읽어보기를 추천한다. 이쯤에서 서론을 마치고 이제 본격적인 이야기를 시작해 보자.

제1장

미야자키 하야오의
예리한 기술론

1984년

《바람계곡의 나우시카》

風の谷のナウシカ / Nausicaa Of The Valley Of Wind

'불의 7일'이라 불리는 전쟁으로 문명이 사라 졌다. 나우시카와 바람계곡 주민들은 생존을 위협하는 부해 근처에서 숨죽이고 살아가고 있었다. 어느 날 바람제곡은 토르메키아 왕국과 페지테 왕국 사이의 전쟁에 휘말리게 된다. 운명이 바뀐 인간형 병기 거신병과 부해의 주인 오무가 움직이기 시작한다. 하지만 나우시카는 단신으로 오무 무리의 습격을 막는 기적을 일으킨다. 그 모습을 본 사람들은 결국 전쟁을 멈추고 무기를 내려놓는다.

하이 판타지에 속하는 《바람계곡의 나우시카》

1984년에 개봉한 《바람계곡의 나우시카》는 미야자키 하야오의 두 번째 장편 애니메이션 작품이다. 제작 당시의 스튜디오는 업계에서 손꼽히던 '톱 크래프트'라는 제작사였으나, 이듬해인 1985년에 스튜디오 지브리로 재편되었다. 이로 인해 《바람계곡의 나우시카》는 오늘날까지 스튜디오 지브리의 첫 번째 작품으로 여겨지고 있다. 따라서 이 책에서도 지브리 애니메이션으로 다룰 것이다.

《바람계곡의 나우시카》는 판타지로 분류되는 작품이다. 판타지는 크게 로 판타지Low Fantasy와 하이 판타지High Fantasy로 나눌 수 있다.

로 판타지는 작품 속 세계와 현실 세계가 맞닿아 있는 것이 특징으로, 《해리 포터Harry Potter》 시리즈가 대표적이다. 현대 영국을 배경으로 한 《해리 포터》에서는 런던역과 마법 세계가 연결되어 있다. 이렇게 작품 속 세계와 현실 세계가 맞닿아 있기 때문에 로 판타지로 분류된다.

반면 하이 판타지는 현실과 동떨어진 가공의 세계를 묘사한다. 《해리 포터》와 대척점에 있는 하이 판타지 영화로는 《반지의 제왕The Lord of the Rings》 시리즈가 있다. '오래전 머나먼 은하계에서' 펼쳐지는 《스타워즈》 시리즈도 하이 판타지 작품 중에 하나다.

로 판타지와 하이 판타지의 차이는 고급스러움이 아니라, 현실과의 거리에 있다고 생각하면 된다. 《바람계곡의 나우시카》는 당연히 하이 판타지에 속한다.

녹과 금속조각으로 황폐해진 대지

그렇다면 《바람계곡의 나우시카》가 묘사하는 가공의 세계는 어떤 곳일까. 영화의 도입부에서 자막으로 이렇게 설명한다.

거대 산업 문명이 붕괴하고 1000년 후, 녹과 금속조각으로 황폐해진 대지가 독을 내뿜는 균류로 뒤덮였다. 썩은 바다 '부해'라 불리는 곰팡이 숲이 확산하면서 인간의 생존을 위협하고 있었다.

간단한 설명이지만 여기에는 중요한 정보가 담겨있다. 《바람계곡의 나우시카》의 배경은 '녹과 금속조각으로 황폐해진 대지'라는 것이다.

언뜻 보면 헷갈릴 수도 있지만, 사실 《바람계곡의 나우시카》의 배경은 사막이 아니다. 우리는 문명이 멸망하면 사막이 될 것이라는 고정관념을 가지고 있다. 이집트나 중국 등 많은 고대 문명이 사막에서 발견되었기 때문이다. 오늘날의 지구에서 환경 파괴로 인해 심각한 사막화가 진행되고 있다는 사실도 영향을 줬을 것이다. 《매드 맥스Mad Max》 시리즈처럼 포스트 아포칼립스 세계를 사막으로 설정한 판타지 작품도 쉽게 찾아볼 수 있다.

《바람계곡의 나우시카》는 미야자키 하야오가 그린 동명의 만화가 원작이다. 이해를 돕기 위해 만화에서는 세계관을 어떻게 소개하는지 살펴보자.

유라시아 대륙의 서쪽 끝에서 발생한 산업 문명은 수백 년 동안 전 세계로 퍼져, 거대 산업 사회를 형성하기에 이르렀다. 대지의 풍요로움을 빼앗고 대기를 오염시켰으며 생명체마저 마음대로 바꿔버리는 거대 산업 문명은 1000년 후 전성기를 맞이하지만, 이윽고 급격한 쇠퇴의 길을 걷게 된다. '불의 7일'이라 불리는 전쟁으로 도시들은 유독 물질을 내뿜으며 붕괴했다. 복잡하고 고도화된 기술 체계는 사라졌으며, 지표 대부분은 불모지로 변해버렸다. 그 후 인류는 산업 문명을 재건하지 못한 채 영원한 황혼의 시대를 살아가게 되었다.

녹슨 물건과 자그마한 금속조각으로 가득한 대지는 만화 도입부의 설명처럼 사막보다 심각한 '불모지'를 가리킨다.

유럽 쇠퇴의 역사와 연결되는 세계관

금속조각으로 가득한 대지에서 산업 문명을 재건하려면 지표에 있는 금속을 재활용하는 기술이 필요하다. 하지만 '복잡하고 고도화된 기술 체계'가 사라져 버리는 바람에 활용할 수 없는 금속조각이 아무 데나 널린 황폐한 세상이 되어버렸다.

벽돌로 만든 것처럼 보이는 바람계곡의 풍차 아랫부분을 예로 들어보자. 사실 이것은 금속조각을 깎아서 만들었을 수도 있다. 또한 극 중에서 유파는 자신의 검을 가리켜 오무의 껍질로 만든 칼이라고 말하기도 한다. 게다가 이 검으로 토르메키아 병사의 금속 갑옷을 벨 수 있다고 이야기한다.

기술이 사라진 이 세계에서는 주변에 널린 금속조각과 오무의 껍질로 만든 도구만이 있을 뿐, 고도의 가공 기술은 찾아볼 수 없다. 더 자세히 말하자면 금속을 정제하고 가공하는 기술이 존재하지 않는다는 뜻이다. 설정을 떠올려 보면 작품에 나오는 부품들은 이러한 금속조각으로 이루어진 것이라 짐작할 수 있다. 조악한 모양의 도구가 많은 것도 금속을 가공하는 기술이 없기 때문일 것이다.

즉, 나우시카와 바람계곡 주민들이 살아가는 세계는 문명이 붕괴하고 원시 시대까지 후퇴해 버린 세계라고 볼 수 있다. 이는 절대 과장이 아니다. 실제로 유럽을 지배했던 로마 제국이 멸망하자 문화의 중심이었던 유럽이 단숨에 후퇴했던 역사가 있다.

로마 제국은 수도, 건축, 제철 등 다양한 기술을 활용해 번영을 이뤘다. 하지만 문명을 유지하기 위해서는 막대한 산림 자원이 필요했고, 로마 제국은 유럽 남쪽에 있던 산림을 파괴했다. 이들은 이민족의 침략으로 멸망하고 말았는데, 문명이 붕괴되면서 그 당시 기술 또한 영원히 되찾을 수 없게 되었다.

다시 말해 유럽의 수도와 건물을 수리할 사람이 없어진 것이다. 기술은 잃어버렸고 산업에 필요한 목재를 얻을 수 있는 산림도 사라져 버렸다. 그러자 원시 시대까지 후퇴해 버린 지역도 생겨났다. 어떻게든 과거의 문명을 부활시키려는 움직임도 있었지만, 숲이 되살아나고 르네상스가 시작될 때까지는 '암흑시대'가 이어졌다.

바람계곡의 상황도 이와 다르지 않다. '불의 7일'을 기점으로 과거의 기술은 사라져 버렸고, 원시 시대보다 조금 나은 정도의 생활 수준을 유지하는 게 고작이었다. 이러한 바람계곡의 생활을 그저 소박하고 서정적인 풍경으로만 바라보면 안 된다. 나우시카와 주민들은 말 그대로 '암흑시대'를 견뎌내며 살아가고 있기 때문이다.

아서 C. 클라크의 기술론

다행히 《바람계곡의 나우시카》에서 보여준 '거대 산업 문명'의 붕괴는 지금의 우리에게는 먼 미래의 이야기다. 그런데 '거대 산업 문명'이라 불릴 만큼 고도로 발달한 기술이 어떻게 고작 '불의 7일' 동안에 완전히 사라질 수 있었을까. 미래의 기술은 물거품과 같기 때문이다.

『2001 스페이스 오디세이2001: A Space Odyssey』와 『유년기의 끝Childhood's End』 등의 소설을 쓴 유명한 SF 작가 아서 C. 클라크의 에세이 『미래의 프로파일Profiles of the future』의 일부를 인용해 설명하겠다. 예를 들어 아리스토텔레스나 갈릴레오 갈릴레이, 다빈치와 같은 역사적인 천재를 현대로 데려와 비행기나 헬리콥터, 자동차를 보여준다고 하자.

분명 처음에는 상당히 놀랄 것이다. 하지만 클라크는 며칠만 지나면 원리를 이해할 수 있을 것이라 말한다. 정밀한 제조 기술을 보고 '아, 이런 구조로군. 굉장해!'라며 감탄은 하겠지만, 2000년 전의 사람이든 500년 전의 사람이든 기본 구조는 이해할 수 있을 것이다.

하지만 TV나 컴퓨터와 같은 기술은 아마 전혀 이해하지 못할 가능성이 높다. 그들의 머릿속에는 전자, 네트워크, 전파와 같은 개념을 이해하는 사고 체계가 없기 때문이다. 기계의 기본적인 구조까지는 그들도 알 수 있는 물리학의 영역이지만 전자와 그 밖의 개념은 옛날 사람들이 상상조차할 수 없을 만큼 다른 차원의 문제다.

우리도 컴퓨터나 스마트폰이 망가지면, 작동하지 않는다는 사실은 이해하지만 직접 고치지는 못한다. 기술이 발전하면서 자세한 내용이 블랙박스화(첨단 기술 유출을 막기 위해 특허 출원 등을 하지 않고 핵심 내용을 비공개하는 것을 말한다.—옮긴이) 되어 일반사람들은 알 수 없기 때문이다. 그래서 A/S 센터에 수리를 맡기거나 아예 새 제품을 구매한다. A/S 센터조차 모든 기술을 완전히 이해하는 것은 아니다. 그저 어디가 망가졌는지확인하고 무엇을 어떻게 고쳐야 하는지 같은 매뉴얼을 이해하고 있을 뿐이다. 기계를 만드는 사람도 마찬가지다. 전문가라고 하더라도 자신의 전문 분야가 아닌 지식은 전혀 알지 못한다. 기술이 지나치게 발전하면 동시대를 살아가는 사람들조차 이해할 수 없는데, 다른 시대나 다른 문명에서 사는 사람들은 어떻겠는가.

《바람계곡의 나우시카》에는 문명이 남긴 비행선의 잔해가 나온다. 세상이 멸망하기 전에 만들어진 것으로 별에도 갔었다고 한다. 하지만 바람계곡의 주민들은 이를 고치거나 살펴볼 생각은 하지 않고 그저 대피 장소로만 이용한다. 이 비행선의 등장만으로 기술이 얼마나 후퇴했는지 보여주는 미야자키 하야오의 연출 능력은 그저 감탄이 나올 뿐이다.

여담이지만, 안노 히데아키도 《바람계곡의 나우시카》의 제작에 참여했는데 나중에 이 작품에 영향을 받아 《신세기에반게리온》시리즈와 《신 고질라シン·ゴジラ》를 만들기도 한다. 《바람계곡의 나우시카》의 DVD 및 Blu ray에는 안노 히데아키의 오디오 코멘터리가 수록되어 있다. 이에 따르면 그는 비행선 디자인이 마음에 들지 않았던 것으로 보인다. 언뜻 보면 비행선이 아니라 잠수함처럼 생기긴 했다. 그래도 이야기의 초반부터 비행선을 제대로 활용하지 않고 방치하고 있다는 중요한 복선을 드러내는 연출은 정말 훌륭하다고 생각한다.

처음에 비행선이 나왔는지 기억나지 않는다면 《바람계곡의 나우시카》를 꼭 다시 한번 보기를 바란다. 영화 초반에 마을로 돌아오는 나우시카 뒤에 비행선의 잔해가 보이는데, 이것이 바로 나중에 바람계곡 주민들이 대피하는 장소다. 참고로 《스타워즈: 깨어난 포스Star Wars: The Force Awakens》에도 비슷한 장면이 나온다. 주인공 레이가 사는 자쿠 행성 사막에 옛 은하 제국 해군의 우주선이 반쯤 파묻혀 있는 장면인데, 두 장면을 비교해 봐도 재미있다.

기술은 특권이 된다

문명이 붕괴하고 고도의 기술이 없는 시대에서 '풍차'는 바람계곡을 상징하는 기술이다. 현대를 살아가는 우리에게는 풍차가 그다지 특별한 기술은 아니다. 평화롭고 소박한 풍경과 어울리는 네덜란드의 풍차가 바로 떠오를 것이다. 그래서 원시 시대로 후퇴한 바람계곡에 풍차가 있어도 이상하게 느껴지지는 않는다.

사실《바람계곡의 나우시카》에서 바람계곡이 아니면 풍차를 거의 찾아볼 수 없다. '바람계곡'이라는 이름도 바람이 많이 부는 곳이라서가 아니라 바람을 이용하는 기술을 가지고 있어 붙여진 것이다. 그래서인지《바람계곡의 나우시카》의 세계관에서 풍차는 보기 드문 편인 것 같다.

이 또한 유럽의 역사적 사실을 참고할 수 있다. 풍차는 원래 유럽이 아니라 이슬람이나 중국 문명에서 유래된 것이라고 한다. 네덜란드의 간척지에 풍차가 세워진 것은 15세기의 일이다. 물론 과거 유럽에도 존재하기는 했지만, 특수한 기술로 받아들여졌다. 지금의 핵무기나 로켓처럼 개발자만이 아는 핵심 기술인 것이다.

미야자키 하야오도 이러한 사실을 알고 있었기에 『바람계곡의 나우시카 수채화집風の谷のナウシカ 宮崎駿 水彩画集』에서 이렇게 이야기했다.

풍차는 유럽이 아니라 중근동에서 발명되었다고 한다. 고대 중국에도 풍차가 존재했다. 바람을 이용하는 행위, 다시 말해 돛으로 바람을 받아 배를 움직이는 것은 옛날부터 있었지만, 풍차처럼 바람을 이용해 일을 한다는 개념은 없었다. 그런데 중세 유럽인이 남긴 지리사를 읽어보면 이러한 기술이 마치 마법인 것처럼 적혀 있다. 그들은 바람을 이용해서 일을 했다고 말이다.

문명의 황혼기에 기술자는 귀중한 존재다. 나우시카가 바람계곡의 공주이기는 하지만, 왕족이기에 고귀한 존재인 것만은 아니다. 그녀가 존경받는 이유는 풍차나 비행 장치인 메베를 자유자재로 이용해 바람을 다룰 수 있는 능력을 지녔기 때문이다. 애초에 바람을 다룰 수 있기에 왕족으로 인정받았다고 보는 것이 적절할지도 모르겠다. 다시 『바람계곡의 나우시카 수채화집』의 내용을 확인해 보자.

> 어떤 특수한 능력을 지닌 사람은 평범한 사람들과 다르다. 그들은 사람들의 존경과 질투를 동시에 받는다. 두려움의 대상이기도 해서 주로 마을 변두리에 거주한다. 사람으로서 해야 할 노동을 하지 않고 부를 손에 넣는다고 오해를 받기 때문이다. 민속학적으로 보면 이들은 대체로 사람들에게 매우 존경받는 쪽과 꼭 필요한 존재지만 경원시되는 쪽으로 나뉜다.

나우시카 왕족은 분명 존경받는 쪽이었을 것이다.

왕족의 의무와 책임

나우시카 왕족은 백성들에게 능력을 인정받고 있지만, 반대로 말하면 능력을 이용해 백성들에게 이익을 줘야 한다는 뜻이기도 하다. 오늘날 국가가 국민의 세금으로 의료 및 교통 같은 인프라를 제공하고 경찰과 군대를 갖춰 치안을 강화하는 것과 같다.

극 중에서 나우시카 왕족의 책임이 명확하게 드러나는 장면이 있다. 유파가 바람계곡에 도착한 것을 가장 먼저 확인한 나우시카는 아버지이자 왕인 지루에게 보고하기 위해 메베를 타고 성으로 향한다. 동물을 타고 지상으로 이동하는 유파는 당연히 나우시카보다 속도가 느릴 수밖에 없다. 따라서 원래라면 유파는 성에서 나우시카를 만나거나 보고를 마치고 돌아오는 나우시카와 도중에 맞닥뜨려야 한다.

하지만 유파는 나우시카를 금방 따라잡는다. 유파가 마을에 들어서자 큰 풍차 아래에서 무언가를 하고 있는 나우시카의 모습을 비춰준다. 성으로 가는 길에 고장 난 풍차를 발견하고 수리하고 있던 것이다. 나우시카 옆에 메베가 세워져 있는 것까지 확실히 묘사하고 있다.

즉, 나우시카에게는 왕에게 보고하는 일보다 풍차를 수리하는 일이 우선이다. 바람계곡에서는 풍차로 물을 끌어올리기 때문에 농사를 지을 때나 생활하는 데 있어 꼭 필요한 인프라가 바로 풍차다. 따라서 왕족의 특권보다 당연히 풍차의 유지보수가 먼저일 수밖에 없다. 나우시카 왕족은 왕족이기 이전에 백성들의 생활을 지원하는 기술자인 셈이다. 나우시카가 메베를 타고 바람계곡 주변을 돌아다니는 것은 경찰이 하는 순찰 업무이기도 하다.

아버지의 건강이 악화된 이유

영화에서 나우시카는 꽤 익숙하게 메베를 조종하지만, 사실 본격적으로 비행을 시작한 것은 상당히 최근의 일이 아니었을까 생각한다. 나우시카와 유파의 대화를 통해 그 사실을 유추할 수 있다.

유파: 나우시카, 못 알아봤구나.

나우시카: 1년 반 만에 만났으니까요.

(중략)

유파: 다들 건강한가? ……왜 그러지?

나우시카: 아버지는 이제 날지 못해요.

유파: 지루가…… 부해의 독 때문인가.

나우시카: 네. 부해 근처에 사는 인간의 숙명이지만요.

극 중에서 계속 병상에 누워있던 지루는 오랫동안 아팠던 게 아니라는 뜻이다. 유파가 이전에 바람계곡을 찾았을 때는 아마 건강했을 것이다. 메베가 한 대만 있는 것으로 봐서 이전에는 지루의 주도 아래 경비 활동을 벌였을 것으로 짐작된다. 유파는 메베를 조종하는 나우시카를 보고 이상하게 생각하지 않았으니 이전에도 나우시카가 대신 순찰을 다닌 적이 있었겠지만, 원래는 주로 지루가 메베를 타고 비행을 했던 것으로 보인다.

아버지를 대신해 혼자서 메베에 올라타게 된 나우시카의 비행 기술은 1년 반이라는 시간 동안 눈부시게 성장했을 것이다. 유파의 '못 알아봤다'라는 말에는 외모뿐 아니라 비행 기술이 눈부시게 성장한 나우시카를 향한 감탄이 담겨있다.

그렇다면 이쯤에서 지루의 건강이 갑자기 악화된 이유를 생각해 보자. 나우시카는 '부해 근처에 사는 인간의 숙명'이라고 말한다. 영화의 도입부에서 설명한 것처럼 바람계곡 주민들의 터전을 둘러싼 부해는 독을 내뿜으며 인간의 생존을 위협하고 있다.

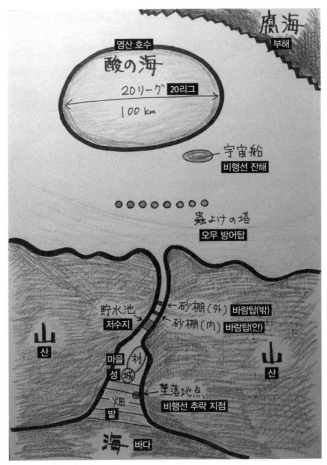

직접 그린 바람계곡 주변의 지도

이 지도는 《바람계곡의 나우시카》를 보고 직접 그린 바람계곡 주변의 대략적인 모습이다. 영화에 나오는 배경을 보고 순서와 대사 등을 종합적으로 고려해 논리적으로 구성했다. 아마 어느 정도 비슷할 것이다.

우선 지도 아래에 있는 바람계곡의 마을과 성 그리고 밭의 배치에 주목하자. 밭이나 성과 마을의 위치는 절대 이유 없이 정해진 것이 아니라고 본다. 우선 식량은 생존에 꼭 필요한 만큼 우선순위가 가장 높다. 따라서 밭은 부해로부터 가장 먼 안전한 곳에 있다. 기술자인 왕족의 거처이자 유사시에 주민들이 대피할 수 있는 성이 그다음이다. 백성들이 사는 마을은 밭이나 성에 비해 우선순위가 낮아 비교적 부해와 가까운 곳에 위치한다.

이렇게 보면 성에 사는 왕족은 독에 노출될 위험이 적고 안전할 것 같지만 사실 그렇지 않다. 왕족에게는 마을 주민들을 위해 경비를 해야 할 의무가 있기 때문이다. 바람계곡에 사는 마을 사람들도 부해의 영향을 받기에 수명이 길지는 않겠지만, 왕족은 의무를 다하기 위해 위험한 곳까지 뛰어든다. 지루도 오랜 세월 비행하며 나쁜 기운이 축적되어 평범한 사람보다 건강이 급격하게 나빠지고 말았다.

바람계곡에서의 생활은 겉으로는 평온해 보여도 사실 왕족뿐 아니라 백성들의 목숨도 위험에 노출되어 있어 가혹한 환경이다. 엔딩 크레디트를 보면 노인들이 오무의 껍질을 주워오는 장면이 나온다. 오무의 껍질은 귀중한 자원이다. 하지만 독을 내뿜는 부해나 그 근처까지 가야 얻을 수 있다. 그래서 살날이 얼마 남지 않은 노인들이 그 일을 맡았다고 생각해 볼 수 있다.

나우시카의 결론=생텍쥐페리의 결론

마지막으로 엔딩 크레디트에 등장하는 장면을 참고해서 미야자키 하야오가《바람계곡의 나우시카》에서 어떤 결론을 냈는지 확인해 보자. 두 가지 장면을 주목해야 한다.

바로 나우시카와 바람계곡 주민들이 새로운 풍차를 세우는 장면과 나우시카가 아이들에게 비행하는 방법을 알려주는 장면이다. 비행선의 잔해가 나오는 장면과 마찬가지로 다시 한번 보기를 바란다. 이 두 가지 장면에서 특히 주목해야 할 점은 나우시카 이외의 사람들과 아이들의 묘사다.

두 장면에는 두건을 쓴 사람과 그렇지 않은 사람이 있다.

관객들이 바람계곡 주민들과 구분할 수 있도록 페지테 왕국의 사람들은 두건을 쓰게 묘사한 것이다. 즉, 이 장면들은 바람계곡의 주민들과 페지테 왕국 사람들이 어우러져 있는 모습을 보여준다. 이는 매우 중요한 의미를 가진다. 왕족의 특권이었던 바람을 이용하는 기술을 바람계곡 주민들뿐 아니라 페지테 왕국의 사람들에게까지 공개했다는 사실을 나타낸 장면으로 보인다.

나우시카는 이전까지 왕족이 가지고 있었던 생각을 완전히 바꿔버렸다. 외부와 교류하지 않는 방식으로 마을을 지키지도 않고, 왕족의 기술을 독점하지도 않는다. 오히려 기술을 널리 알림으로써 미래에 맡기기로 한 것이다. 결혼하지 않은 나우시카는 아이들에게 비행하는 방법을 가르쳐 주면서 새로운 세대에게 기술이 이어지도록 했다. 또한 오늘날의 인플루언서처럼 많은 사람에게 자신들의 생존 방식인 풍차 기술도 알려준다.

여기서 『어린 왕자Le Petit Prince』로 유명한 앙투안 드 생텍쥐페리가 쓴 『인간의 대지Terre des hommes』라는 작품을 짚고 넘어갈 필요가 있다. 신초분코新潮文庫에서 출간한 이 책은 미야자키 하야오가 직접 표지 일러스트와 해설을 맡을 정도로 애정이 깊은 작품이다.
《바람계곡의 나우시카》의
결론은 『인간의 대지』와 많
은 부분에서 닮았다.

『인간의 대지』(신초분코)

이 책은 조종사였던 생
텍쥐페리가 세계 곳곳을 돌
아다니며 쌓은 경험을 바탕
으로 삶에 대한 철학을 탐
구하는 내용이다. 당시의
비행은 항상 죽음을 각오해
야 할 정도로 위험했기에 당연히 인생의 가치관에도 영향을
줬을 것이다. 그래서인지 이 책은 철학서의 성격을 띠기도
한다. 나는 『인간의 대지』가 '강한 바람에 맞서 황야에 우뚝
선 인간'을 이야기하고 있다고 생각한다.

이는 《바람계곡의 나우시카》의 결론과 비슷하다. 나우시
카는 바람을 이용하는 왕족의 후예로서 바람을 친구삼아 하
늘을 날아다니며 다양한 모험을 하면서 세상을 눈에 담는다.
지구는 인간이 살아가기에 험난한 환경이지만 그럼에도 불
구하고 인간은 그저 살아가는 수밖에 없다. 부해의 독에 노

출되어 수명이 줄어들더라도, 존엄을 지키며 자신의 삶을 관철하는 것이다.

생텍쥐페리와 비슷한 과정을 거쳐 같은 결론에 다다른 나우시카는 기술자로서의 특권을 포기하고 한 사람의 인간으로서 바람계곡의 미래를 이어 나간다.

제2장

SF 애니메이션의
정의

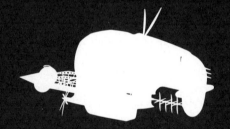

1986년

《천공의 성 라퓨타》
天てん空くうの城しろラピュタ / Castle in the Sky

어느 날 밤, 소년 파즈는 하늘에서 내려온 소녀 시타를 구한다. 그녀가 가진 정체불명의 비행석은
무스카 대령이 이끄는 군대와 해적 도라 일가가 노리고 있다. 서로의 의도가 엇갈리는 가운데, 두
사람은 이윽고 하늘을 떠도는 성 '라퓨타'에 도착한다. 무스카는 라퓨타 재건을 위해 비행석을 손
에 넣으려 하고, 파즈와 시타는 그로부터 도망치고자 파멸의 주문을 외운다.

애니메이션 붐에 패배한 미야자키 하야오

미야자키 하야오는 많은 사람의 사랑을 받는 애니메이 터다. 하지만 《바람계곡의 나우시카》와 이번 장에서 설명할 《천공의 성 라퓨타》를 제작할 때만 해도, 지브리 초기 작품 에 대한 평가와는 별개로 큰 인기를 얻지 못했다.

미야자키 하야오는 스승이자 훗날 영원한 라이벌이 되 는 다카하타 이사오 밑에서 《태양의 왕자 호루스의 대모험 太陽の王子 ホルスの大冒險》, 《팬더와 친구들의 모험パンダコパンダ》, 《알프스의 소녀 하이디アルプスの少女ハイジ》, 《플랜더스의 개 ブランダースの犬》, 《엄마 찾아 삼만리母をたずねて三千里》와 같은 수많은 명작 제작에 참여했다.

이윽고 감독이 된 그가 처음으로 제작한 작품이 바로

1978년에 방영한 TV 시리즈,《미래소년 코난未来少年コナン》이다. 이 작품은 그가 만든 애니메이션 대부분과 비슷하게, 아포칼립스 세계에서 씩씩하게 살아가는 인류의 모습을 그리고 있다. 물론 지금이야 이 작품을 높게 평가하는 사람이 많지만, 당시에는 일부 애니메이션 마니아를 제외하면 좋은 평가를 내리는 사람이 드물었다.

　같은 해에 개봉한《우주 전함 야마토宇宙戦艦ヤマト》의 두 번째 시리즈,《안녕 우주 전함 야마토: 사랑의 전사들さらば宇宙戦艦ヤマト 愛の戦士たち》은 흥행 수익만 21억 엔(약 210억 원)에 달하는 당시 최고의 흥행작이었다. 같은 TV 시리즈를 두고 비교해 봐도, 같은 해 방영한《은하철도 999銀河鉄道 999》는 최고 시청률 22.8%를 기록한 데 반해《미래소년 코난》은 14%에 그쳤다. 이 결과로 미루어 볼 때《미래소년 코난》은 그다지 주목받는 작품이 아니었다.

　이듬해인 1979년, 미야자키는 제작비 5억 엔(약 50억 원)을 들여 영화감독 데뷔작인《루팡 3세: 칼리오스트로의 성ルパン三世 カリオストロの城》을 제작한다. 그러나 수익은 3억 5,000만 엔(약 35억 원)에 그치며 흥행에 실패하고 만다.《루팡 3세》시리즈의 전작인《루팡 3세: 루팡 vs 복제인간ルパン三世 ルパンVS

複製人間》의 흥행 수익이 9억 2,000만 엔(약 92억 원)에 달했던 것을 생각하면 얼마나 처참한 성적이었는지 알 수 있다.

그해, 대부분의 애니메이션 잡지는 《기동전사 건담機動戰士ガンダム》을 다룬 기사로 넘쳐났다. 다만, 『아니메주アニメージュ』 만큼은 예외였다. 이 잡지의 편집장이었던 스즈키 도시오는 훗날 지브리 설립 동료이자, 《붉은 돼지》 이후 미야자키의 모든 작품에서 프로듀서로 활약하며 영혼의 단짝이 된 인물이다. 그러나 『아니메주』조차 《바람계곡의 나우시카》의 개봉 전까지는 《기동전사 건담》을 주로 다룰 수밖에 없었다. 이 흥행 실패로 인해 미야자키 하야오는 업계에서 반쯤 퇴출당한다. 스즈키 도시오와 그가 근무했던 도쿠마쇼텐德間書店의 도움으로 1984년, 차기작인 《바람계곡의 나우시카》를 발표할 때까지 무려 5년이라는 세월이 흐른다.

《바람계곡의 나우시카》는 당시 에콜로지 붐과 맞물려 흥행에 성공한다. 하지만 그 수익은 7억 4,200만 엔(약 74억 원)에 그치고 만다. 《안녕 우주 전함 야마토: 사랑의 전사들》이나 《루팡 3세: 루팡 vs 복제인간》에는 미치지 못했고, 같은 해 개봉한 《초시공요새 마크로스: 사랑, 기억하고 있습니까超時空要塞 愛·おぼえていますか》의 흥행 성적인 7억 엔(약 70억 원)과 비

숫한 수준이었다. 참고로 완구류 등의 관련 상품 수익까지 포함한다면 사업적으로는 로봇 애니메이션인《초시공요새 마크로스: 사랑, 기억하고 있습니까》가 더 확실한 성공을 거뒀다고 볼 수 있다.

이러한 맥락을 고려했을 때, 미야자키 하야오는《우주 전함 야마토》에서《기동전사 건담》을 거쳐《초시공요새 마크로스》로 끝나는 이른바 '제2차 애니메이션 붐'에 편승하지 못했다.

반엘리트주의 시선으로 본《천공의 성 라퓨타》

이와 같은 흐름 속에서 1986년에 개봉한《천공의 성 라퓨타》는 미야자키 하야오에게 있어 이전의 실수를 만회하기 위한 작품이었다.《루팡 3세: 칼리오스트로의 성》과 비교했을 때 이야기의 구조가 비슷하며, 어렵고 복잡한 주제보다는 액션을 내세웠다는 점 역시 상당히 비슷하다.

초반 내용을 살펴보면 악당 소굴에서 혈혈단신으로 도망치는 용감한 공주를 남자 주인공이 구해준다. 클라리스와 시타, 루팡 3세와 파즈, 그 인물만 다를 뿐 구조는 같다. 이후 내용도 마찬가지다. 악당이 공주를 납치하고, 주인공은 공주를 포기하려 하지만 이내 동료와 함께 구출에 나선다. 그 과정을 통해 멸망한 옛 문명을 발견하는 것도 같다.《루팡 3세: 칼리오스트로의 성》에서는 물에 잠긴 로마 제국의 대도시로,《천공의 성 라퓨타》에서는 천공의 성으로 표현될 뿐이다.

다만, 이야기 구조는 비슷해도 루팡 3세와 파즈는 엄연히 다른 캐릭터다. 믿음직스러우면서 어딘지 모르게 가련한 분위기가 닮은 두 여지 주인공과 다르게, 루팡 3세와 파즈 사이에는 확실한 차이가 있다. 우리는 이를 통해 미야자키 하야오가 당시 애니메이션에 대해 품고 있던 반골 기질을 엿볼 수 있다.

《우주 전함 야마토》,《기동전사 건담》혹은 그 이전의《마징가 Zマジンガ—Z》나 자신이 만든《바람계곡의 나우시카》처럼 엘리트만 주역으로 삼는다는 점, 그리고 어떠한 일을 해결할 수 있는 능력을 갖춘 사람만 주인공으로 다룬다는 점에 반발하고 있다.

객관적으로 봤을 때《기동전사 건담》은 오히려 전쟁에 휘말린 평범한 소년의 이야기라 할 수 있겠지만, 사실 주인공인 아무로 레이는 뉴타입Newtype이라 부르는 특수 능력자다. 그래서인지 미야자키 하야오의 눈에는 '호가호위하듯 기계의 힘을 빌린 주인공이 모양새 잡는 영화'로 보인 듯하다.

　루팡 3세는 위대한 괴도 아르센 루팡의 손자로, 천재적인 도둑의 재능을 가진 인물이다. 반면, 파즈는 그 대척점에 있는 흔하디흔한 소년으로 묘사된다. 당시 SF 애니메이션의 주류에 대항한 이 시도가 어느 만큼 효과가 있었는지 이번 장에서 알아보자.

파즈와 무스카, 누구의 이야기인가

　엘리트 주인공의 성공과 고뇌를 묘사하려면 아무래도 대상 연령층이 올라갈 수밖에 없다.《천공의 성 라퓨타》를 제작할 당시에 미야자키 하야오는 이러한 점에 불만을 품고 있던 것으로 보인다. 미야자키 하야오가 쓴 이야기를 묶어 출간한『출발점出發點』이라는 책을 보면《천공의 성 라퓨타》기획안을 확인할 수 있다.

　《바람계곡의 나우시카》가 성인을 대상으로 한 작품이라면,《소년 파즈》는 초등학생을 대상으로 제작했다.

《바람계곡의 나우시카》가 시원시원함, 선명함, 강렬함을 지향점으로 삼았다면, 《소년 파즈》는 유쾌하고 피가 끓어오르는 고전적인 활극으로 만들고자 했다.

(중략)

여러 작품이 기획되기 시작하면서 그 대상 연령이 점점 높아지고 있다. 이러한 경향은 애니메이션의 미래에 도움이 되지 않는다. 마이너한 취미 중 하나로 애니메이션을 분류하거나, 다양성이라는 이름 아래에서 길을 잃으면 안 된다. 무엇보다 애니메이션은 아이들의 것이다. 정말로 아이들을 위한 작품이라면 어른들도 감상하기에 충분하다. 《소년 파즈》는 애니메이션의 근본을 되찾는 기획이기도 하다.

이 글에서 미야자키 하야오의 상당히 굳은 의지를 엿볼 수 있다. 《천공의 성 라퓨타》는 세간의 애니메이션과 다르고, 아무 생각 없이 통쾌한 액션을 즐길 수 있는 '피가 끓어오르는 액션 활극'이라고 말이다. 모양새를 잡는 엘리트도 없고, 어떠한 메시지를 전달하지도 않으며, 그저 평범한 아이들이 평범한 소년 소녀의 활약상에 열중할 수 있는 애니메이션이라고 이야기한다. 더불어, 그렇게 해야 어른들도 재미있게 볼 수 있다는 점 역시 강조하고 있다.

실제로 《천공의 성 라퓨타》는 어른도 충분히 즐길 수 있는 작품인지라, 미야자키의 작품 중에서도 상당한 인기를 누리고 있다. 개인적인 취향을 반영하더라도 미야자키 영화 중 하나만 꼽으라면 아마도 《천공의 성 라퓨타》를 고를 것 같다.

다시 본론으로 돌아가 보자. 여기서 미야자키 하야오가 주어를 '라퓨타'가 아닌 '파즈'라고 말한 것은 기획 단계에서의 가제가 《소년 파즈: 비행석의 수수께끼》였기 때문이다. 소년의 이야기, 모험 활극이라는 사실을 강조하기 위해 붙인 제목으로 보인다.

하지만 미야자키 하야오가 처음 쓴 각본은 앞서 말한 의도와 상당히 모순되어 있었다. 스즈키 도시오의 회고록인 『지브리의 천재들天才の思考』의 한 부분을 살펴보자. 자신의 이상과 현실 사이에 있는 모순을 제대로 풀어내지 못했던 미야자키 하야오의 일화가 기록되어 있다.

시나리오 이야기로 돌아가 보자. 이야기를 다 읽은 나와 다카하타 씨는 같은 생각을 했다. 이야기의 초점이 무스카의 야망과 좌절에 맞춰져 있어서 문제가 될 것 같다는 것이 공통된 의견이었다. 파즈가 주인공이니, 더 부각할 필요가 있다고 생각했다. 파즈의 나이를 조금만 올리면 입체적인 캐릭터로 완성할 수 있으니, 무스카의 야망과 좌절에 시선이 덜 몰릴 것 같았다. 그래서 이 의견을 미야자키 씨에게 전하러 갔다. 나 혼자서 말이다. 그러자 그는 불같이 화를 냈다.

"초등학생이 볼 영화지 않나. 나이를 올렸다가는 죽도 밥도 안 된다고!"

영화에서 무스카는 '인간이 쓰레기 같구나!', '눈이, 눈이…!'처럼 누구나 다 아는 명대사를 남겼다. 이 인상적인 장면 덕에 인기 면에서 주인공인 파즈를 완전히 압도하기도 했다.

다카하타 이사오와 스즈키 도시오의 지적을 받아 콘티 단계에서 많은 부분을 수정했음에도 무스카는 강렬한 존재감을 뿜낸다. 영화의 주인공은 자타공인 파즈이나, 인간적으로 매력적인 캐릭터를 꼽으라면 단연 무스카의 손을 들어주게 된다. 기획 의도가 완전히 빗나간 셈이다. 물론, 나의 개인적인 생각으로는 초기안대로 만든 영화도 보고 싶지만 말이다.

《바람계곡의 나우시카》와 같은 실패,
시기하던 《우주 전함 야마토》와 같은 결말

그런데 스즈키 도시오와 미야자키 하야오는 왜 파즈의 나이를 두고 논쟁을 벌였을까? 주인공의 나이가 작품의 방향성과 관련 있는 이유를 생각해 보자.

파즈는 열세 살이다. 이에 반해 정보부의 무스카는 군대를 손짓 하나로 부릴 만큼 능력 있는 어른이다. 무스카에 대항하는 또 다른 적, 도라 역시 어른이며 엄청나게 강한 해적이다. 그러니 시타를 지키겠다는 이유로 고작 열세 살의 아이가 어른 사이에서 고군분투한들 이길 리 없다.

그래서 미야자키 하야오는 이를 어떻게 풀어나갈지 고민하기 시작한다. 스즈키 도시오는 연령대를 올리면 파즈를 훨씬 더 능력 있고 강한 청년으로 묘사할 수 있다고 했다. 그러나 평범한 소년을 주인공으로 삼으려던 미야자키 하야오의 기획 의도가 흐려질 것이 분명했다.

하지만 그 기획 의도를 우선하자니 이번에는 캐릭터들이 가진 힘의 균형이 무너질 것 같았다. 미야자키 하야오는 특별한 힘이 없는 파즈가 어떻게 하면 무스카를 이길 수 있을지 끊임없이 고민했다.

그러던 중 미야자키 하야오는 한 가지 결말을 생각해 낸다. 바로 히로인인 시타와 함께 손을 잡고 외치는 파멸의 주문, '바루스'다. 결과적으로 두 사람은 살아남았지만, 파멸의 주문을 외치다니, 무모하기 짝이 없는 행동이다. 자폭이나 다름없다.

그런 의미에서 본다면《바람계곡의 나우시카》에서 보여 줬던 결말과 다르지 않다. 원래 이 영화의 클라이맥스는 거신 병과 오무의 육탄전, 거신병의 자폭과 같은 다양한 콘티 아이 디어가 있었다. 하지만 러닝타임이나 개봉까지의 제작 일정 등의 문제로 인해 마지막을 간결하게 끝낼 수밖에 없었다. 그 래서 미야자키 하야오는 일단 거신병을 등장시키자마자 바 로 녹여버리고 만다. 안노 히데아키가 작업한 이 작화는 여전 히 사람들 입에 오르내리며 전설처럼 전해져 오고 있다.

또한 거신병이 막지 못한 오무 무리는 어떻게 처리할 것 인지도 고민해야 했다. 그 결과, 미야자키 하야오는 나우시 카가 오무를 막기 위해 대지 위에 착지하는 모습을 마지막 으로 영화를 끝내려고 했다. 나우시카가 죽었는지 살았는지, 그보다 무슨 일이 일어날지도 알려주지 않고 막을 내리는 것이다. 지금의《바람계곡의 나우시카》엔딩으로 바뀌게 된

경위는 지브리가 펴낸 『ALL ABOUT TOSHIO SUZUKI』를 보면 알 수 있다.

제작이 한창이던 어느 날, 마지막 장면의 그림 콘티를 보고 스즈키는 고민에 빠졌다. 돌진해 오는 오무 앞에 나우시카가 착지하면서 끝나기 때문이었다.

너무 싱겁게 끝나서 카타르시스를 느낄 수 없다고 생각한 스즈키는 다카하타에게 의견을 구했다. 이에 다카하타는 세 가지 아이디어를 냈다. Ⓐ안은 원안대로 진행하는 것, Ⓑ안은 오무가 나우시카를 날려버려 그녀가 영원한 전설로 남는 것, Ⓒ안은 나우시카가 한 번 죽은 뒤 부활한다는 것이었다. Ⓒ안이 좋다고 생각한 스즈키는 미야자키를 설득했다.

"개봉이 코앞이었으니, 미야자키 씨도 초조했겠지요. 제 설명을 듣고는 그럼 그렇게 하겠다며 금세 수정했습니다. 다만, 이 마지막 장면은 팬이나 평론가 사이에서도 뜨거운 감자였지요. 미야자키 씨는 성실한 성격을 가졌으니, 이 점을 계속 고민했을 겁니다."

《바람계곡의 나우시카》는 결말 전까지 평범하게 인간에 대해 묘사하던 영화였다. 하지만 익숙한 선율을 배경으로 나우시카가 부활하는 기적을 보여주는 순간, 종교 영화처럼 변한 결말을 놓고 의견이 분분해졌다. 나우시카의 사랑이 기적을 일으켰다거나, 감동적이라는 감상이 나올 법한 신파 영화가 되어버린 셈이다.

《천공의 성 라퓨타》는 종교적인 색채가 느껴지지는 않지만, 결국 또다시 자폭한 끝에 살아남는다는 결말을 맞이한다. 파즈와 시타의 사랑, 꺾이지 않는 마음이 일으킨 기적으로 읽힌다는 점에서 《바람계곡의 나우시카》와 다르지 않다. 의도했는지 알 수 없지만 《바람계곡의 나우시카》의 엔딩을 후회했을 미야자키 하야오가 자기 손으로 똑같은 결말을 재차 선택하고야 말았다.

심지어 이 자폭 공격은 미야자키가 싫어하는 SF 애니메이션 장르에서 회자되는 공전의 히트작, 《안녕 우주 전함 야마토: 사랑의 전사들》과도 같다. 이 영화는 주인공인 고다이 스스무가 우주에서 자기를 희생해 지구를 구하는 장면으로 끝을 맺는다.

미야자키 하야오는 SF 애니메이션에 맞서고자 《천공의

성 라퓨타》를 만들었지만, 결국 그들처럼 뻔한 결론을 내고야 말았다. 인터뷰에서도 종종 무언가 마음에 들지 않으면 그런 건 데즈카 오사무나 하는 짓이라며, 흔한 것을 누구보다 싫어했던 사람이 말이다.

오니숍터에서 엿볼 수 있는 미야자키 하야오의 SF 지식

주인공에 관한 설정이나 이야기의 결말은 세간의 SF 애니메이션에 맞서겠다는 목적에 부응하지 못했지만, 메카닉의 표현만큼은 다른 SF 작품과 비교해도 손색이 없을 정도로 무척 훌륭하다.

SF에 등장하는 메카닉의 정석이라고 하면 단연 오니숍터 Ornithopter(날개를 상하로 흔들며 나는 초기에 고안된 비행기.-옮긴이)가 떠오른다. 이 오니숍터는 오늘날의 비행기처럼 고정된 날개, 엔진, 프로펠러로 비행하는 것이 아니라 새나 벌레처럼 날갯짓으로 날았다. 레오나르도 다빈치도 고안한 것으로 유명하지만, 오늘날까지도 결국 실용화에 성공하지 못해 SF 세계에만 존재한다. 그러니 팬들에게는 참으로 낭만이 넘치는 비행기가 아닌가.

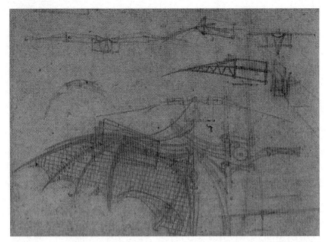

프랭크 허버트가 쓴 SF 서사시 『듄Dune』은 1965년에 발표한 이후, 사가 문학으로서 시리즈로 묶어낸 인기작이다. 영상화가 어려워 보였으나, 너무나도 큰 인기에 1984년과 2021년 두 번에 걸쳐 영화가 제작되었고, 2023년 현재 추가 제작 및 개봉을 앞둔 상태다.

오랜 인기를 자랑하는 이 작품은 오니솝터를 본격적으로 묘사한 최초의 SF 작품으로도 유명하다.《천공의 성 라퓨타》를 제작하던 1984년, 당시 미야자키 하야오가 개봉한 영화를 감상했는지 혹은 의도적으로 참고했는지 확실하게 알 수 없다. 하지만 적어도『듄』1부는 읽은 게 확실해 보인다.

이런 말을 할 수 있는 이유는《천공의 성 라퓨타》제작 당시 미야자키 하야오가『듄』에 등장하는 오니숍터에 대해 불만을 드러낸 적이 있기 때문이다.《천공의 성 라퓨타》의 제작 진행을 담당했던 기하라 히로카쓰는『또 하나의 '바루스' もう一つの「バルス」』라는 책을 펴내며 이렇게 썼다.

"기하라 군, 혹시『듄』이라는 책 읽었어요? 어땠어요?"

미야자키 씨는 아이디어가 떠오르거나 생각에 빠지면 연필을 움직이던 손을 멈췄다. 그러고는 분주하게 움직이는 나를 보며 항상 정중한 말투로 말을 걸고는 했다.

"『듄』이요? 읽었죠(오니숍터에 관한 이야기일 거라고 바로 눈치챘다). 성능에 대한 말씀이세요? 아니면 탑승감?"

그러자 미야자키 씨의 얼굴이 환해졌다. 생각에 동의한다는 표현을 하니, 그는 정말로 기쁜 듯한 표정을 지으며 설명했다.

"그거예요, 탑승감! 새처럼 날갯짓하는 오니숍터라니. 소설가니까 쓸 수 있었겠죠. 그런 걸 타면 크랭크가 날개를 위아래로 움직일 때마다 탑승자도 똑같이 움직여서 천장과 바닥에 부딪히고 말 텐데, 어떻게 탈 수 있겠어요? 꼭 날갯짓을 해야 한다면 기술적으로 불가능하더라도 곤충과 같은 모양새가 낫지 않을까요?"

말하자면 미야자키 하야오는 자신이 생각하는 제대로 된 오니숍터를 그리고 싶어서 《천공의 성 라퓨타》를 만들었다고도 할 수 있다. 이 영화는 미야자키에게 있어 『듄』에 날리는 카운터 펀치인 셈이다.

《천공의 성 라퓨타》에는 두 종류의 오니숍터가 등장한다. 하나는 날 수 없다는 사실을 명확하게 보여주기 위한 것으로, 하늘을 동경하는 파즈가 집에서 직접 만들어 시타에게도 보여준다. 이 모델은 미야자키 하야오가 날 수 없다고 무시했던 새 모양을 했다.

실제로 영화에 이 오니숍터가 하늘을 나는 장면은 등장하지 않는다. 사실 제작 초기의 이미지 보드를 보면, 파즈가 완성된 오니숍터를 타고 시타를 데리러 가는 장면이 있기는 하다. 그러나 완성본에서는 삭제했다. 파즈의 기술 수준이나 새 모양의 오니숍터로는 하늘을 날 수 없다는 사실을 표현하고자 했던 미야자키 하야오의 확고함 때문이라고 본다.

제작 진행을 담당한 기하라 역시 같은 생각인 듯, 저서에 다음과 같이 썼다.

> 영화에서 파즈가 시타에게 새처럼 날갯짓을 해서 하늘을 나는 형태의 비행기를 보여주는 장면이 있다. 미야자키 씨는 이 장면을 만들며 '이런 건 하늘을 날 수 없다'는 생각을 담은 듯했다.

또 다른 오니솝터는 도라 일가가 사용하는 '플랩터'다. 미야자키 하야오의 의도를 반영해 곤충과 닮은 모양으로 디자인했다. 이는 극 중에서 라퓨타 문명 이외의 기술 중 가장 뛰어난 것이며, '전류와 인공 근육을 써서' 움직이는 기계로 설정되어 있다.

전기로 근육을 움직일 수 있다는 사실은 18세기 이탈리아에서 태어난 의사이자, 물리학자인 루이지 갈바니가 발견했다. 그 유명한 '죽은 개구리 다리에 전기 자극을 주니 움직인다'라는 사실을 발견한 사람 말이다. 초상화에도 개구리의 사체와 전극이 확실하게 묘사되어 있는데, 지금 보면 어쩐지 괴이한 느낌이 들기도 한다.

루이지 갈바니(1737~1798)의 초상화

갈바니가 발견한 '전기로 근육을 움직인다'라는 사실은 유럽의 고급 살롱에서도 화제가 될 만큼 큰 센세이션을 일으켰다. 이 발견에 영향을 받은 소설이 바로 1818년에 메리 셸리가 발표한 『프랑켄슈타인 Frankenstein』이다. 오늘날 SF 장르의 기원이 된 고딕 소설의 명작으로, 프랑켄슈타인 박사가 시체에 전기를 통과시켜 괴물을 만들어 낸다는 줄거리다.

《천공의 성 라퓨타》또한 『프랑켄슈타인』처럼 현대 이전, 산업혁명의 시대를 묘사하고 있다. 그러나 여기에 전기와 근육의 관계를 바탕으로 만들어 낸 플랩터는 다른 SF 작품에는 없는《천공의 성 라퓨타》를 매력적으로 보이게 하는 메카닉임이 틀림없다.

참고로, 도라 일가의 해적선인 타이거모스호 후미에는 플랩터의 비행갑판이 있다. 이는 같은 시대에 발표한《기동전사 건담》을 비꼬기 위한 설정이라고 본다. 《기동전사 건담》을 보면 지구연방군의 화이트 베이스와 지온 공국군의 가우급 공격항모 모두 선체의 앞부분에서 전투기가 출격한다. 현실에서는 있을 수 없는 일이다.

미야자키는 비행갑판이 뒤에 있다는 현실적인 사실을 바탕으로 《기동전사 건담》에 반박하고자 일부러 플랩터가 출격하는 장면을 만들었다. 그는 『듄』뿐만이 아니라, 적대하던 일본의 SF 작품에도 고지식하게 트집을 잡았다.

기회주의로 드러난 미야자키 하야오의 성격

앞서 야심 차게 만든 《천공의 성 라퓨타》가 그토록 싫어했던 《우주 전함 야마토: 사랑의 전사들》과 마찬가지로 자폭하는 결말을 맞이했다고 지적했지만, 사실 이 결말도 나쁘지 않다고 생각한다.

미야자키 하야오는 성실한 사람이라서 '주인공은 책임을 지는 존재'라고 믿는다. 그래서 마지막에는 주인공이 시련을 해결하게 만들 수밖에 없었던 건 아니었을까.

그래서 나우시카가 오무의 행진, 바람계곡과 페지테 왕

국의 미래를 받아들인 것처럼, 파즈와 시타에게도 시련을 받아들이게 하고자 했다. 라퓨타가 무서운 병기로도 사용될 수 있다는 사실을 알게 된 파즈와 시타는 이를 막기 위해 함께 죽음을 결심한다. 두 사람이 생각한 해결책은 그것뿐이었기 때문이다.

자신이 창조한 캐릭터가 '죽을 수밖에 없는' 상황이었지만, 결국 마지막에는 기적이 일어난다. 자칫 기회주의라 비난받을 수 있는 이 카타르시스가 애니메이션 작품에서 만개한 덕분에 미야자키의 초기 작품은 지금도 빛이 바래지 않는 명작으로 남을 수 있었다고 본다.

그렇다면 그 이후에 미야자키가 만든 애니메이션은 어떻게 되었을까? 이 질문에 대한 정답은 '주인공은 시련을 받아들이지 않게 되었다'이다. 이러한 경향은《붉은 돼지》,《센과 치히로의 행방불명》,《하울의 움직이는 성》에 이르기까지 뚜렷하게 드러난다. 주인공의 행동이나 결단과는 상관없이 상황 자체가 해결을 향해 나아간다.

《바람계곡의 나우시카》에서도 이러한 모습을 일부 엿볼 수 있다. 이는 미야자키 하야오의 철학이 시련을 받아들이는 것 이상으로, '시련이 닥친 상황 속에서 어떻게 살아가느냐가 중요하다'로 바뀌었기 때문이다. 《모노노케 히메》의 경우, 주인공을 시련의 책임자가 아닌 시련의 피해자로 설정하기까지 했다. 저주받은 주인공인 아시타카가 자신의 생존을 최우선으로 삼을 정도로 말이다.

시련을 받아들이는 것과 그 상황에 맡기는 것 중 어떤 철학에 뿌리를 둔 스토리가 재미있는지는 우열을 가릴 수 없다. 하지만 적어도 《천공의 성 라퓨타》의 생동감 넘치는 연출만큼은 당시 이러한 미야자키 하야오의 철학이 있었기 때문에 가능했다.

영화감독의 일

이제 스토리 작가로서의 미야자키 하야오를 비판하는 대표적 논리를 소개하고자 한다. 미야자키 하야오와도 친분이 있는 영화감독이자 《기동경찰 패트레이버機動警察パトレイバー》, 《공각기동대攻殻機動隊》 등의 작품으로 알려진 오시이 마모루의 발언이 바로 그것이다. 그는 『아무도 말하지 않았던 지브리에 대하여誰も語らなかったジブリを語ろう』라는 저서에서 미야자키를 이렇게 비판한다.

영화에서는 반드시 박진감 넘치는 장면을 묘사해야 한다고 믿는 듯하다. (중략) 본인이야 스펙터클하다고 생각하겠지만, 그렇게 보이지 않기 때문에 결국 이야기의 구조가 망가지고 마는 것이다. (중략) 미야자키 씨는 제대로 된 연극론이나 이야기의 구조를 잘 활용하는 사람은 아니다.

확실히 영화를 만들 때 이야기의 개연성을 추구하는 오시이 마모루의 관점 또한 중요하지만, 이는 어디까지나 각본가의 일이라고 본다. 영화감독이란 '잘 짜인 스토리'를 만드는 사람이 아니라, '재미'에 힘을 쏟는 직업이다. 각본을 쓰기도 하지만 어디까지나 감독의 업무가 최우선인 미야자키의 작업물은 그런 의미에서 충분히 성공적이다. 그래서 미야자키 하야오가 영화감독으로서는 타고난 천재라고 할 수 있는 것이다.

이야기의 개연성과는 별개로 손에 땀을 쥐게 하는 모험활극, 《천공의 성 라퓨타》는 5억 8,300만 엔(약 58억 원)이라는 다소 낮은 흥행 수익을 기록했다. 같은 시기에 개봉한 SF 애니메이션은 물론, 자신의 전작인 《바람계곡의 나우시카》에도 못 미치는 성적이다. 사실상 지브리 애니메이션의 최하위 기록이기도 하다.

이제는 TV에서 방영할 때마다 파즈와 시타가 '바루스'를 외치는 타이밍에 맞춰 일제히 트윗을 올리는 암묵적인 룰이 있을 정도로 일본의 국민 영화가 되었지만, 당시 결과만 놓고 본다면 실패나 다름없다.

미야자키 하야오는 이 실패를 어떻게 극복했을까? 다음 장의 《이웃집 토토로》를 시작으로, 이후 작품을 순서대로 확인해 보기로 하자.

제3장

미야자키 하야오와
데즈카 오사무

1988년

《이웃집 토토로》

となりのトトロ / My Neighbor Totoro

1950년대 어느 여름, 사츠키와 메이 자매는 아버지와 함께 어머니가 입원한 병원 근처의 시골 마을로 이사를 온다. 메이와 사츠키는 우연히 숲의 요정 토토로와 만나게 된다. 시골에서 즐겁게 생활하던 자매에게 위기가 찾아온다. 어머니의 퇴원이 미뤄지고 그 사실을 알게 된, 메이가 행방불명된 것이다. 토토로에게 도움을 요청한 사츠키는 고양이 버스를 타고 잃어버린된 메이를 찾는다. 다행히 어머니도 무사한 것을 확인한다.

옆에서 본 미야자키 하야오와 안노 히데아키의 관계

《이웃집 토토로》는 1988년에 개봉했다. 스튜디오 지브리는 《바람계곡의 나우시카》이후 《이웃집 토토로》까지 2년에 한 번 꼴로 신작을 발표했다. 이 무렵의 미야자키 하야오의 작품은 특히 뇌리에 깊게 박혀 있는데, 그도 그럴 것이 안노 히데아키를 두고 신경전을 벌이던 시기였기 때문이다.

신인 애니메이터로서는 이례적으로 《바람계곡의 나우시카》제작에 참여한 안노 히데아키는 까다로운 거신병 등장 장면을 혼자 만들어 냈다. 그 모습을 본 미야자키 하야오도 아마 그를 쓸 만한 인재라 생각한 것 같다. 그래서 다음 작품인 《천공의 성 라퓨타》에도 참여시키려고 했다. 하지만 그 무렵 안노는 가이낙스에서 《왕립우주군: 오네아미스의 날개》에서 메카닉 작화 감독을 맡고 있었다.

미야자키 하야오의 입장에서는 《천공의 성 라퓨타》에서도 실력을 발휘할 수 있도록 기회를 마련했더니, 안노의 대학 동기들이 그를 꾀어내어 듣도 보도 못한 작품으로 데려간 상황이었던 것이다. 무척 분했는지 한동안 미야자키는 일주일에 한두 번씩 밤마다 가이낙스를 찾아와 안노를 스카우트하려고 했다.

이는 업계의 관행에서 어긋난 행동이었지만 어디까지나 관행일 뿐 불법은 아니었다. 우리도 근처 스튜디오에서 일하는 애니메이터를 데려오기도 했으니 피차일반이었다.

안노도 나름대로 《천공의 성 라퓨타》 제작에 참여하고 싶었던 모양이지만, 작화 감독이라는 이름에 막중한 책임감을 느꼈는지 결국 《왕립우주군: 오네아미스의 날개》에 남았다. 덕분에 지금도 안노가 스스로 애니메이터 기술로써는 최고라 말하는 장면을 완성할 수 있었다. 매우 정교한 폭발 장면과 발사 장면 덕분에 작품의 완성도가 한층 더 올라갔다.

하지만 가이낙스는 나중에 《신비한 바다의 나디아》부터 최신작 《신 가면라이더シン·仮面ライダー》까지 안노와 오랫동안 일한 애니메이터 마에다 마히로는 빼앗기고 만다. 《천공

의 성 라퓨타》에서 길이 남을 클라이맥스의 원안을 담당한 마에다는 스튜디오 지브리에서《붉은 돼지》까지만 참여했는데도 핵심 멤버로 분류된다. 아무튼 안노의《천공의 성 라퓨타》제작 참여는 불발되었다.

그래서 미야자키 하야오는 다음 작품인《이웃집 토토로》를 제작할 때 안노를 다시 부르려고 했다.《왕립 우주군: 오네아미스의 날개》의 제작도 끝났으니 이번에야말로 참여하라는 뜻이었다. 다양한 생물들의 움직임을 묘사해야 하는 까다로운 오프닝 시퀀스를 맡기려 했으나 이번에는 심지어 스튜디오 지브리에서 같이 일하는 다카하타 이사오 감독의《반딧불이의 묘火垂るの墓》에 빼앗기고 만다.

어쩌면 안노는 미야자키 하야오와 이미 일을 해봤으니 다른 거장인 다카하타 이사오와 작업해 보고 싶다고 생각했을지도 모른다.《반딧불이의 묘》에서는 안노가 좋아하는 전함의 등장 장면을 담당했으니 더욱 매력적이지 않았을까. 물론 안노가 디테일에 심혈을 기울였던 전함은 먹칠을 당하고 말았지만 말이다. 결국 안노 히데아키에게 두 번 연속 거절을 당한 미야자키 하야오는 그가《바람이 분다》에 참여할 때까지 기다리는 수밖에 없었다.

엉망진창인 데즈카 오사무의 애니메이션 제작 환경

애니메이션 업계는 좁아서 이처럼 유명 감독끼리 에피소드가 많다. 이번 장에서는 《이웃집 토토로》에 영향을 준 미야자키 하야오와 데즈카 오사무의 관계를 살펴보려고 한다. 더 나아가 다카하타 이사오와의 관계도 다뤄볼 것이다. 애니메이션 업계에서 일하면서 보고 들었던 뒷이야기를 통해 이 세 사람의 관계가 《이웃집 토토로》에 어떤 영향을 미쳤는지 확인해 보자.

스즈키 도시오의 인터뷰 모음집 『바람에 떠밀려風に吹かれて』에 마음에 걸리는 발언이 있다.

약 1년 전, 니혼테레비의 스페셜 방송으로 《이웃집 토토로》 기획을 제출했다가 거절당한 적이 있습니다.

앞서 말한 것처럼 《이웃집 토토로》는 1988년에 개봉했다. 그보다 10년이나 앞선 1978년에 니혼테레비日テレ의 스페셜 방송으로 편성되었던 애니메이션은 '24시간 테레비' 말고는 딱히 떠오르지 않는다. 지금은 바뀌었지만, 초창기 24시간 테레비에서는 쉽게 볼 수 없었던 최신 애니메이션을

2시간 스페셜 방송으로 편성했다. TV로 새로운 애니메이션을 2시간이나 볼 수 있어 당시 아이들에게 엄청난 인기를 끌었다. 방영 라인업은 다음과 같다.

1978년 《백만 년 지구 여행 반다 북100万年地球の旅 バンダーブック》데즈카 프로덕션

1979년 《마린 익스프레스海底超特急マリン・エクスプレス》데즈카 프로덕션

1980년 《Fumoonフウムーン》데즈카 프로덕션

1981년 《브레멘 4: 지옥의 천사ブレーメン4: 地獄の中の天使たち》데즈카 프로덕션

1982년 《안드로메다 별 이야기アンドロメダ・ストーリーズ》도에이 동화

1983년 《컴퓨터 시그마 99タイムスリップ10000年 プライム・ローズ》데즈카 프로덕션

1984년 《대자연의 마수 바기大自然の魔獣 バギ》데즈카 프로덕션

1985년 《악마 섬의 왕자 삼목동자悪魔島のプリンス 三つ目がとおる》도에이 동화(원작: 데즈카 오사무)

1986년《은하탐사 2100년 보더 플래닛銀河探査2100年
ボーダープラネット》데즈카 프로덕션

1989년《데즈카 오사무 이야기 나는 손오공手塚治虫物語
ぼくは孫悟空》데즈카 프로덕션

1990년《날아라! 호빵맨 남쪽 바다를 구하라!それいけ!
あんパンマン みなみの海をすくえ!》도쿄 무비

라인업을 보면 알 수 있듯 대부분 데즈카 오사무와 관련
된 작품이다. 당시 만화『블랙 잭ブラック・ジャック』의 히트와
함께 부활한 데즈카 오사무의 인기를 잘 알 수 있다. 첫 방영
작인《백만 년 지구 여행 반다 북》이 높은 시청률을 기록하
면서 데즈카 프로덕션에서 제작한 작품이 연달아 방영된다.

하지만《백만 년 지구 여행 반다 북》의 제작 환경은 상당
히 엉망진창이었다고 한다. 만화의 신 데즈카 오사무의 일상
을 그린 다큐멘터리 만화『블랙 잭 창작비화ブラック・ジャック
創作秘話』를 통해 자세한 상황을 엿볼 수 있다.

데즈카 프로덕션의 제작 현장에서는 데즈카 오사무가 직
접 그림 콘티를 짰다. 하지만 당사자가 인기 만화가다 보니
애니메이션 그림 콘티와 만화 연재 원고를 동시에 마감해야

했다. 하나의 작품을 연재하는 것만으로 힘들어하는 만화가도 있는데 데즈카 오사무는 여러 만화를 연재하면서 동시에 애니메이션 감독의 업무도 해내고 있었다. 다시 말해 데즈카 오사무 본인이 너무나도 바쁜 시스템이었다는 것이다.

아니나 다를까《백만 년 지구 여행 반다 북》제작 현장에 데즈카 오사무의 그림 콘티가 한 장도 넘어가지 않았다. 이 말은 그림 콘티를 바탕으로 원화, 동화, 후시 녹음과 같은 작업을 진행할 수 없다는 뜻이다. 데즈카 오사무가 완성한 그림 콘티를 낱장으로 전달하다 보니 외주를 맡길 정도의 원화 분량을 확보하기 어려웠다.

일정이 밀리면서 현장은 큰 혼란에 빠지게 되었다. 방송을 2개월 앞둔 시점에서는 제작 담당 데스크가 갑자기 잠적하기도 했다. 사라지고 싶은 마음은 충분히 이해가 간다.

상황을 수습하고자 데즈카 오사무가 참석한 회의가 열렸지만 그는 늦어진 그림 콘티와 원화 등 하나부터 열까지 본인이 맡겠다고 우겼다. 본인이 원인을 제공하긴 했지만, 다른 사람들도 시간의 여유가 없다 보니 데즈카 오사무도 다른 사람에게 맡길 수 없는 상황이 된 것이다. 물론, 시간에 쫓기는 것은 본인도 마찬가지였지만 말이다.

처음에 예정된 각본과 그림 콘티뿐 아니라 결국 원화까지 데즈카 오사무가 담당하게 되었다. 그 결과 데즈카 오사무를 비롯한 모든 스태프가 철야를 하면서 방영 일정에 늦지 않도록 제작에 매달렸다.

겨우 작업을 다시 시작할 수 있었지만, 이때부터는 또 다른 지옥이 펼쳐졌다. 완성된 원화로 촬영한 영상을 본 데즈카 오사무가 리테이크를 지시한 것이다. 제작 담당은 결국 폭발하고 말았다. "선생님, 어디 아프세요?! 이 장면의 어디가 이상하다는 거예요?!" 하고 몰아붙였으나 데즈카 오사무는 예를 들어 "블랙 잭은 이런 식으로 걷지 않아!!"라며 터무니없는 말을 내뱉곤 했다. 생각만 해도 아찔하지만 캐릭터 창작자가 한 말이니 무시할 수도 없는 노릇이었다. 그렇게 리테이크 지옥이 시작되었다.

하지만 이런 말도 안 되는 일정과 제작 환경에도 불구하고 《백만 년 지구 여행 반다 북》이 예정대로 방영되는 기적이 일어났다. 물론, 방송이 펑크날 뻔했다는 사실에는 변함이 없지만 말이다.

당시 애니메이션은 필름에 원화를 현상하는 방식으로 만들었다. 《백만 년 지구 여행 반다 북》은 약 2시간 정도의 장편 애니메이션이니 35mm 필름을 기준으로 열 롤 정도의 분량이다. 일정이 얼마나 아슬아슬했다면, 한 롤이 돌아가는 동안에도 마지막 롤이 도착하지 않았다는 말이 있었을 정도다. 바꿔 말하면 방송 중에 필름을 현상하고 있었다는 뜻이다. 이는 일본 애니메이션 방송 역사상 전무후무한 사건이라 해도 과언이 아니다.

《이웃집 토토로》는 24시간 테레비를 위해 기획되었다?

다음으로 방영된 《마린 익스프레스》에서는 상황이 더욱 심각해졌다. 《마린 익스프레스》는 바다를 여행하는 열차를 배경으로 이야기가 펼쳐지는 작품이다.

데즈카 오사무는 마지막 장면을 무려 방영 중에 그렸다고 한다. 이 말은 TV로 방송된 마지막 장면이 설계도에 해당하는 그림 콘티도 없이 만들어졌다는 뜻인데 생각만 해도 등골이 오싹하다.

이 이야기는 《마린 익스프레스》 작업에 참여했던 이노우에 히로아키라는 프로듀서가 밝힌 에피소드다. 이노우에는 나중에 가이낙스를 함께 설립한 멤버이기도 하다.

사실《마린 익스프레스》가 공개되었을 때와 거의 비슷한 시기에 미야자키 하야오도《해저 세계 일주》라는 애니메이션을 기획했다.

　가이낙스에 몸담았을 무렵, 이 기획을 바탕으로 오리지널 애니메이션을 만들어 달라는 부탁을 받았기에 도에이 사무실에서 기획안을 직접 확인할 수 있었다. 이를 계기로 NHK에서 방영된 안노 히데아키의 TV 애니메이션 감독 데뷔작《신비한 바다의 나디아》가 만들어졌다.

　이 기획은 미야자키 하야오가 NHK에서 제작한《미래소년 코난》의 후속작으로 준비했다고 전해지는데, 나중에《천공의 성 라퓨타》에서 활용된다.《신비한 바다의 나디아》와《천공의 성 라퓨타》가 비슷하게 느껴지는 이유가 여기에 있다. 어쨌든 미야자키 하야오는《해저 세계 일주》기획을 그냥 폐기하지 않고 니혼테레비에도 제안했던 것으로 보인다.

　당시 상황은 아마 다음과 같았을 것으로 추측한다.《백만 년 지구 여행 반다 북》이 성공하긴 했지만, 일촉즉발의 제작 상황에 위기감을 느낀 니혼테레비는 데즈카 프로덕션이 아닌 곳에서 제출한 기획도 검토하게 된다. 이때 경쟁에 참여한 도에이는 당시《팬더와 친구들의 모험》에서 함께 일한 적이 있고 이후《루팡 3세: 칼리오스트로의 성》을 제작하는 미야자키 하야오를 내세운다. 데즈카 오사무의 담당 편집자를 했던 경험을 바탕으로 내부 사정을 잘 알고 있던 스즈키 도시오가 조언을 했을 수도 있다.

미야자키 하야오는 팬더 가족과 인간 여자아이의 교감을 그린《팬더와 친구들의 모험》에서 한발 더 나아가 더 많은 아이들이 즐길 수 있도록《이웃집 토토로》를 기획하게 된다. 하지만 니혼테레비는 이 기획안을 거절한다. 앞에서도 말했다시피 당시 잘 나가는 애니메이션은 모두 SF 장르였다. 그러다 보니 1950년대를 배경으로 숲의 요정과 여자아이가 교감을 나누는 이야기는 너무 평범했던 것이다.

미야자키 하야오가 심기일전해 다시 제출한 기획이 바로 화려한 SF 모험 활극《해저 세계 일주》였다. 경쟁에서 밀린 이유는 알 수 없다. 예산 문제였을 수도 있고, 업계 내의 인지도와 달리 대중들에게는 미야자키 하야오의 이름이 생소하다는 이유로 니혼테레비가 주저했을 수도 있다. 결국 차기작도 데즈카 오사무에게 의뢰하자는 의견이 힘을 얻어 미야자키의 기획안 중 '해저 여행'이라는 핵심 배경 설정만 참고한《마린 익스프레스》가 만들어진다.

미야자키 하야오는《해저 세계 일주》기획안을《미래소년 코난》후속작으로 NHK와 도에이에도 제출했다. 하지만 결국《해저 세계 일주》를 실현하지 못한 미야자키 하야오는 훗날 이 아이디어를《천공의 성 라퓨타》에 활용하게 된다. 가이낙스는 NHK와 도에이의 요청을 받아《신비한 바다의 나디아》의 기획으로 승화시킨다.

어디까지나 각각의 사실을 나름대로 연결해 본 가설이지만 이렇게 생각하면 미야자키 하야오가《천공의 성 라퓨타》에서 정색했던 이유나 애니메이션 감독으로서 데즈카 오사무를 적대시했던 이유를 이해할 수 있다.《미래소년 코난》의 후속작으로 기획안을 제출했던 일과 니혼테레비에 기획안을 제출했던 일의 순서는 반대일 수 있지만 흐름 자체는 비슷할 것이다.

만약《이웃집 토토로》가 TV 애니메이션으로 세상에 나왔더라면 미야자키 하야오는 적어도 10년은 일찍 애니메이션 거장으로 인정받게 되었을지도 모른다. 24시간 테레비의 스페셜 편성이라는 화려한 무대를 통해 그의 애니메이션이 일본 전 지역의 안방을 찾아갔을 테니 말이다.

《이웃집 토토로》의 부활

퇴짜를 맞은 《이웃집 토토로》를 다시 세상으로 이끈 사람은 스즈키 도시오였다. 다음은 『지브리의 천재들』에 나온 내용이다.

나는 모든 일에 쉽게 싫증을 내는 성격이다. 《바람계곡의 나우시카》는 작업하면서 푹 빠져 있었지만 《천공의 성 라퓨타》는 두 번째로 제작에 참여한 작품이다 보니 모험 활극에 싫증이 나버렸다.

이때 계속 마음에 걸렸던 기획이 눈에 들어왔다. 미야자키 씨가 오랫동안 구상하며, 그림도 두세 장 그려뒀던 《이웃집 토토로》였다. 1950년대의 일본을 무대로 요정과 어린아이의 교류를 그린 이야기였는데, 이 작품이라면 새로운 마음으로 참여할 수 있지 않을까 싶어 미야자키 씨에게 넌지시 다음 작품으로 추천했다.

그 후 이런저런 일을 겪은 미야자키 하야오는 《이웃집 토토로》를 만들기로 결심했지만 이내 또다시 좌절을 겪게 된다. 『지브리의 천재들』 내용을 계속 살펴보자.

기획을 확인한 당시 도쿠마쇼텐의 야마시타 다쓰미 부사장이 난색을 표하며 수정을 요구했다.

(중략)

"그 기획은 아무래도 리스크가 있네. 관객들은 역시 나우시카나 라퓨타처럼 외국 이름이 붙은 작품을 기대하지 않겠나?"

24시간 테레비와 마찬가지로 평범하고 SF가 아니라는 이유로 완곡하게 거절당하고 만다.

그러나 의외의 곳에서 구세주가 나타난다. 바로 신초샤新潮社였다. 유서 깊은 출판사인 신초샤에서 과거에 출간했던 명작 『반딧불이의 묘』를 애니메이션으로 제작하도록 허락한 것이다. 이는 엄청난 일이다. 《바람계곡의 나우시카》와 《천공의 성 라퓨타》의 제작에 투자해온 도쿠마쇼텐은 지금이야 출판사 중에서 대기업으로 분류되지만, 당시에는 아직 신흥 출판사에 불과했다. 고단샤講談社, 헤이본샤平凡社, 이와나미쇼텐岩波書店을 비롯해 신초샤 정도가 제2차 세계대전 이전부터 내려온 유서 깊은 일류 출판사였으며, 당시의 도쿠마쇼텐은 신초샤와 급이 달랐다.

이것이 무슨 의미냐 하면 신초샤가 나섰으니 도쿠마쇼텐은 당연히 진행해야 한다는 뜻이다. 심지어 『반딧불이의 묘』는 노사카 아키유키의 나오키상 수상작이기도 하다. 일류 출판사가 유명 작가의 명작을 제공하는 상황에서 도쿠마쇼텐이 거절할 리가 없었다. 사실 《이웃집 토토로》가 거절당한 이유대로라면 『반딧불이의 묘』 또한 애니메이션으로 만들기는 평범했지만 말이다.

어쨌든 《이웃집 토토로》의 기획인은 신초사와 노사카 아키유키의 『반딧불이의 묘』가 가진 네임 밸류 덕분에 무사히 통과되었다. 미야자키 하야오 감독의 《이웃집 토토로》와 다카하타 이사오 감독의 《반딧불이의 묘》는 동시 상영을 목표로 제작을 시작했다. 이와 관련해 자세한 경위는 『지브리의 천재들』을 비롯해 스즈키 도시오의 여러 저서에서 확인할 수 있다. 궁금하다면 직접 읽어보기를 바란다.

《이웃집 토토로》의 러닝 타임이 86분이 된 진짜 이유

동시 상영작으로 제작한다는 것은 영화의 러닝 타임이 짧아진다는 의미다. 애니메이션 영화의 길이는 최대 2시간 정도이므로 이를 절반으로 나누면《이웃집 토토로》와《반딧불이의 묘》는 각각 60분이 되어야 한다. 실제로《이웃집 토토로》의 기획안에도 '극장용 중편 애니메이션 작품(60분)'이라고 적혀 있다.

그러나 실제로 완성된《이웃집 토토로》의 러닝 타임은 86분이다. 그 이유는 매우 단순하다. 타협을 모르는 다카하타 이사오가《반딧불이의 묘》의 완성도를 높이기 위해 80분으로 늘려버렸기 때문이다. 두 편을 합쳐서 2시간 정도로 만들어야 하니《이웃집 토토로》에게 할당된 시간은 40분뿐이다. 하지만 미야자키 하야오도 보란 듯이《이웃집 토토로》의 러닝 타임을 늘려버렸다. 결국 88분짜리로 완성된《반딧불이의 묘》보다는 약간 짧은 86분으로 만들어 러닝 타임이 늘어난 것에 대한 명분을 만들었다.

주인공을 왜 자매로 설정했을까

제작 도중에 러닝 타임을 늘린《이웃집 토토로》는 기존 시나리오가 무용지물이 되어버렸다. 그래서 예상했던 시나리오에 따라 콘티를 짜는 게 아니라 콘티를 그리면서 이야기를 만들어 가는 임기응변으로 영화를 제작했다.

이야기 초반부터 콘티를 그리기 시작해 중반까지 완성되면 작화 회의를 시작했다. 이야기의 결말이 어떻게 될지는 본인도 알 수 없었다. 마치 『주간 소년 점프週間少年ジャンプ』에서 연재하는 만화가와 같은 방식이다. '이후 전개는 다음 주의 나에게 맡긴다'라는 흐름으로 콘티를 계속 그려갔다.

이러한 제작 방식은 데즈카 오사무를 떠올리게 한다. 앞서 《백만 년 지구 여행 반다 북》이나 《마린 익스프레스》의 제작 현장을 소개했는데, 이때 데즈카 오사무가 제작과 동시에 콘티를 짰던 것과 똑같은 방식이다. 이는 데즈카 오사무가 만화가로 활동했던 경험이 원인이었을 것이다. 애니메이션 제작 현장에서는 말이 안 되지만 주간 연재 만화 출신인 데즈카 오사무에게는 당연한 방식이었다. 이 차이가 제작 일정에 비극을 낳고 말았다.

미야자키 하야오도 데즈카 오사무와 같은 비극을 겪게 된다. 심지어 스튜디오 지브리 스태프의 입장에서는 러닝 타임이 80분에 달하는 영화를 동시에 두 편이나 만들어야 했다. 따지고 보면 24시간 테레비에 방영되는 애니메이션을 만들던 데즈카 프로덕션보다도 더 힘든 환경이었을 것이다.

그 결과《반딧불이의 묘》는 개봉할 때까지 채색 작업을 마무리하지 못했다. 하지만《이웃집 토토로》는 예정대로 완성할 수 있었다. 데즈카 오사무보다 훨씬 더 열악한 환경에서 어떻게든 일정을 맞춘 것을 보면 애니메이션 감독으로서 역량은 미야자키 하야오가 만화의 신을 앞서는지도 모른다.

사츠키와 메이 자매가 주인공이 된 이유는 러닝 타임이 80분으로 늘어났기 때문이다. 그 증거는 스즈키 도시오의 『지브리의 천재들』에서도 확인할 수 있다.

다카하타에 대한 대항심에 불탄 미야자키 씨가 영화의 러닝타임을 늘리는 방법을 생각하다가 결국 주인공을 한 명의 여자아이가 아닌 자매로 설정하기로 했다.

오타쿠라면 작품을 분석할 때 필연적으로 설정의 의미를 깊이 생각하게 된다. 하지만 실제로는 이처럼 제작 과정에서 설정이 바뀌는 일도 많다.

애니메니이션은 아이들의 것

　스튜디오 지브리가 말도 안 되는 작업량을 소화해 동시 상영을 성공한 《이웃집 토토로》와 《반딧불이의 묘》는 이번에야 말로 전성기를 맞이한 SF 애니메이션의 대항마로 출격했다. 하지만 흥행 수익은 5억 8800만 엔(약 59억 원)에 그쳤다. 《천공의 성 라퓨타》보다는 간신히 앞섰지만 동시 상영인 점을 고려하면 확실히 기대 이하의 성적이었다. 흥행에 실패했다고 보는 편이 맞을 것이다.

　그러나 개봉 다음 해 TV에서 방영했을 때는 의외로 21%의 높은 시청률을 기록한다. 스즈키 도시오는 『지브리의 천재들』에서 뒤늦게 찾아온 반응을 이렇게 평가했다.

> TV 방영에서 높은 시청률을 기록하면서 영화를 개봉한 지 2년 정도 지났을 때부터 토토로 인형이 엄청난 인기를 얻었다. (중략) 《이웃집 토토로》가 TV 방영, DVD 판매, 출판물, 굿즈 등으로 벌어들인 막대한 수익으로 지브리도 한숨 돌릴 수 있었다.

　애초에 TV 애니메이션으로 기획했던 탓인지 실제로 TV에 방영이 되자 《이웃집 토토로》는 인기에 불이 붙었다. 미야자키 하야오는 늘 '아이들을 위한 애니메이션을 만들겠다'라고 공언해 왔다. 어쩌면 많은 아이들이 볼 수 있도록 하려면 쉽게 접할 수 있는 TV 애니메이션으로 제작하는 것이 옳았을지도 모른다.

그렇기에 더욱 깊은 아쉬움을 느낀다. 《이웃집 토토로》가 영화보다 적절한 포맷인 TV 애니메이션으로 만들어져 조금 더 일찍 세상에 나왔더라면 애니메이션의 역사는 또 달라졌을 것이다.

제4장

재능이란
무엇인가

1989년

《마녀 배달부 키키》

魔女の宅急便 / Kiki's Delivery Service

13세가 되는 만월의 밤, 마녀의 관례에 따라 키키는 검은 고양이 지지를 데리고 고향을 떠난다. 수행 장소로 선택한 마을에서 키키는 하늘을 나는 마법을 이용해 배달부 일을 시작한다. 사회에서 좌충우돌하며 훌륭한 마녀가 되기를 꿈꿨지만, 실의에 빠져 하늘을 날지 못하게 된다. 그러던 중 친구 톰보가 탄 비행선이 사고가 났다는 뉴스를 접하게 된다. 톰보를 구해낸 키키는 다시 하늘을 향해 날아오른다.

어린이 애니메이션으로 위장한 어른을 위한 애니메이션

《이웃집 토토로》까지 고전을 계속했던 스튜디오 지브리는 마침내 《마녀 배달부 키키》를 통해 대성공을 거둔다. 구체적으로는 21억 5000만 엔(약 220억 원)의 흥행 수익을 올렸는데 이는 1989년 개봉된 영화 중 1위에 해당하는 기록이다. 단숨에 《천공의 성 라퓨타》와 《이웃집 토토로》의 4배가 넘는 수익을 거둔 것이다. 또 다른 흥행작인 《바람계곡의 나우시카》와 비교해 봐도 3배에 해당하는 수익이다. 그야말로 엄청난 성공이 아닐 수 없다.

이 작품 이후로 지브리는 꾸준히 히트작을 만들어 낸다. 이는 가족 관객층이 탄탄했기 때문에 가능했다. 미야자키 하야오가 말한 대로 《천공의 성 라퓨타》와 《이웃집 토토로》는 어린이를 위한 영화다. 솔직히 어른이 보고 깊이 있게 즐길 만한 내용은 아니라고 생각한다. 하지만 《마녀 배달부 키키》를 기점으로 이러한 생각이 완전히 달라졌다.

아이들에게 《마녀 배달부 키키》는 몇 번을 봐도 질리지 않을 영화다. 하지만 동시에 어른들도 영화에 담긴 창작자의 의도를 금세 파악할 수 있다. 판타지를 전면에 내세운 이 영화는 사실 어린 소녀가 사회에서 혼자 살아가는 모습을 그렸다.

어른과 아이 모두 재미있게 볼 수 있으니 가족 관객들은 그다음 작품도 믿고 보게 된다. 부모가 재미있었으니 다음에도 아이들을 데려와야겠다고 생각하는 것이다. 영화가 개봉된 시기는 지금처럼 어른이 애니메이션 영화를 마음껏 즐길 수 있는 시대가 아니었다. 따라서 가족 관객층을 노린 전략이 시기와도 맞아떨어진 셈이다. 미야자키 하야오가 이를 어느 정도 의식했는지는 모르겠지만 말이다.

마법은 재능이다

앞서 말했다시피 이 영화는 어린 여성의 사회적 자립을 그렸다. 영화를 보면 어른들은 그 사실을 바로 알아챌 수 있다. 이는 곧 메타포(은유)를 쉽게 파악할 수 있다는 뜻이다.

주인공을 왜 마녀로 설정했을까? 주인공이 마법을 쓸 수 있는 설정에서 우리는 '재능'을 '마법'으로 쉽게 은유했다는 것을 유추할 수 있다. 이 점은 미야자키 하야오 본인도 여러 매체와의 인터뷰에서 몇 번이고 설명했다. 미야자키의 저서인 『출발점』에 나오는 기획안에도 다음과 같이 적혀 있다.

> 《마녀 배달부 키키》에서의 마법은 그렇게 편리한 힘이 아니다. 이 영화에서의 마법이란 비슷한 소녀들 누구나가 갖고 있는, 어떠한 재능을 의미하는 한정된 힘이다.

마법은 재능이기에 키키처럼 별생각 없이 사용할 수도 있지만, 갑자기 사용하지 못하게 될 수도 있다. 또한 사소한 계기로 다시 사용할 수 있게 되기도 한다. 미야자키 하야오와 같은 애니메이터도 마찬가지다. 거침없이 그릴 때가 있는가 하면 슬럼프가 찾아오기도 한다. 하지만 결국에는 이겨낸다. 이것이 재능을 다루는 방법이다.

소녀가 낯선 마을에서 재능을 인정받을 때까지의 이야기를 다룬 《마녀 배달부 키키》는 '마법=재능'이라는 메타포를 이용해 소녀의 사회적 자립을 그린 작품이다. 영화를 본 관객들은 여기까지는 대부분 쉽게 이해했을 것이다.

빗자루와 대비되는 문명의 이기

미야자키 하야오는 키키의 성장을 묘사하는 데만 마법을 이용한 게 아니다. 사실 그는 《마녀 배달부 키키》의 전반에 걸쳐 재능론에 대해 이야기하고 있다. 이 영화에는 '이미 재능으로 좌우되는 시대는 끝났다'라는 메시지가 숨겨져 있다고 본다. 지금부터 이 주제를 설명하려고 한다.

20세기 후반의 근현대는 이른바 과학과 경험의 시대다. 한 사람의 재능보다 과학 기술과 숫자의 힘이 모든 것을 이루는 시대라고 할 수 있다. 미야자키 하야오는 영화 초반에 키키가 고향을 떠나는 장면에서부터 이를 여과 없이 드러낸다.

빗자루를 타고 고향을 떠나는 키키가 발아래로 펼쳐지는 거리의 풍경을 바라보는 장면이 나온다. 배경이 밤이라 알아차리기 어렵지만 아마도 고속도로가 아니었을까. 자동차는 빠른 속도로 손쉽게 키키를 추월해 달린다.

키키는 거대한 복엽기(몸체의 위아래로 두 개의 앞날개가 있는 비행기.—옮긴이)와 마주치는데, 비행기 중에서도 느린 편에 속하는 복엽기마저 키키를 추월한다. 키키보다 훨씬 높은 고도에서 더 많은 화물과 사람을 싣고 훨씬 빠른 속도로 비행한다. 그다음에는 지상에서 엄청난 연기를 내뿜는 증기기관차와 맞닥뜨린다. 하늘 위에 있던 키키는 손으로 입을 막으며 괴로워한다.

그중에서도 주목해야 할 장면은 빗자루를 타고 수행할 마을을 찾아 나선 키키가 기차에 타는 장면이다. 갑자기 비가 내리자 키키는 지붕이 있는 기차로 숨어들어 잠이 든다. 빗자루와 달리 기차는 비를 막아주고 잠도 잘 수 있다.

키키가 이동하는 일련의 장면에서 자동차, 복엽기, 증기기관차와 같이 과학 기술의 산물인 탈것을 등장시킨다. 이는 빗자루를 타고 하늘을 날 수 있는 키키의 재능이 특별하지 않다는 현실을 보여준다.

관객에게 영화의 전제를 전달해야 하는 도입부에서 빗자루와 탈것을 대비시켜 '재능과 시대의 싸움'이라는 주제를 제시한다. 애니메이션다운 동적인 쾌감과 함께 연출 의도를 전달하는 일석이조의 효과를 노린 엄청난 재능이다. 천재 감독 미야자키 하야오의 연출 방식을 놓쳐서는 안 된다.

어머니의 모습으로 묘사한 재능의 약화

어쩌면 영화 도입부의 일련의 장면은 키키가 얼마나 하찮은 존재인지를 나타낸다고 생각할 수도 있다. 물론 그런 이유도 있겠지만 영화에서는 키키뿐 아니라 마법 그 자체가 이미 힘을 잃었다는 사실을 보여주는 장면이 몇 번이나 더 나온다.

가장 대표적인 예가 키키의 어머니 고키리다. 마녀는 셰익스피어의 『맥베스Macbeth』에 나오는 세 마녀처럼 큰 솥에 재료를 넣고 부글부글 끓여서 약을 만들 것 같지만, 이 영화에서는 그렇지 않다. 고키리는 마치 과학 실험을 하는 것처럼 플라스크나 메스실린더, 스포이드와 같은 도구를 사용해 마법약을 제조한다.

자세히 보면 고키리도 마녀라고 하면 떠오르는 큰 솥을 갖고 있다. 관객의 눈에 잘 띄지는 않지만 약을 제조하는 고키리의 옆에 있는 커다란 솥은 약재를 끓이는 대신 꽃이 꽂혀 있다. 언뜻 보면 꽃병처럼 보인다.

미야자키 하야오는 가쿠슈인대학을 졸업하고 도쿄대학 출신인 다카하타 이사오의 밑에서 일을 배운 엘리트다. 그래서인지 이상할 정도로 관객을 신뢰하는 경향이 있다. 관객이 쉽게 알아차릴 수 있거나 너무 노골적으로 느낄 수 있다고 생각하면 중요한 설정을 아무렇지도 않게 흘려버리곤 한다. 물론 아는 사람의 눈에는 고키리의 솥은 누가 봐도 서양 판타지에 나오는 커다란 솥 모양을 한 꽃병이다.

키키와의 대화에 정신이 팔린 사이 손에 들고 있던 약이 든 시험관이 폭발하는 장면이나 약을 받은 할머니에게 고키리가 만든 약이 제일 잘 듣는다는 감사의 말을 듣는 장면도 중요한 의미를 지닌다. 이러한 고키리의 묘사를 통해 세 가지 사실을 알 수 있다.

첫 번째는 고키리가 마녀로서 무능력하다는 점이다. 그녀가 실수하는 장면은 유머러스하지만 그 재능이 대단하지 않다는 사실을 유추할 수 있다. 그러나 이는 이미 알고 있는 사실이다. 그렇다면 또 무엇을 알 수 있을까.

두 번째는 재능 있는 자일수록 시대에 휩쓸린다는 메시지다. 고키리는 선조로부터 대대로 전해 내려온 도구 대신 최신 기술을 이용해 일을 척척 해낸다. 극 중에서 마법의 힘이 약해졌다며 푸념하지만, 이는 시대의 탓이라기보다 본인의 탓이 크다. 고키리는 시대에 저항해 재능으로 극복하려 하지 않는다. 시대의 혜택을 누리기만 할 뿐 재능인 마법을 갈고닦지 않는다. 마법을 갈고닦지 않으니 무능력한 마녀로 전락하고 마는 것이다.

마지막은 세상이 고키리의 약을 찾지 않는다는 점이다. 고키리를 찾는 것은 고작해야 이웃집 할머니 정도다. 오랫동안 친분이 있는 이웃 노인에게는 그 능력을 인정받지만 젊은 고객들은 찾지 않는다. 현관에 붙여 놓은 '용건이 있으신 분은 벨을 눌러 주세요'라는 안내문만 봐도 찾는 손님이 거의 없을 정도로 한가하다는 사실을 알 수 있다.

고키리가 일하는 모습은 가도노 에이코의 원작에는 없는 영화의 오리지널 장면이다. 영화의 모든 장면에는 이유가 있다. 이 장면은 마법을 통해 재능론을 이야기하기 위해 미야자키 하야오가 의도적으로 추가한 것으로 보인다.

고키리는 커다란 솥으로 연습하며 마법 실력을 갈고닦는 것이 아니라 실험 도구에 의존해 마법약을 만든다. 키키도 마찬가지로 계속 빗자루만 타면서 여행하지 않고 기차에 몸을 맡기기도 한다. 이 영화는 재능의 힘이 약해지는 것이 시대의 발전뿐만 아니라 재능을 가진 자의 태도 때문이라는 메시지를 전달한다고 해석할 수 있다. 아동문학이 원작이라고는 믿을 수 없을 만큼 상당히 신랄한 메시지다. 실제로 원작자는 애니메이션의 내용을 받아들이기 어렵다고 이야기하기도 했다.

미야자키 하야오의 위기감

"재능이 있으면서 게으름 피우다니."

이는 미야자키 하야오가 애니메이터로서 실제 느꼈던 감정이라 생각한다. 자신들이 도세 세도로 시켜온 셀 애니메이션 기법이 점차 사라지고 편리한 컴퓨터로 CG와 알고리즘을 사용해 누구라도 똑같은 그림을 그릴 수 있게 되었다. 실물을 관찰하거나 반복해서 스케치하는 일 없이 TV나 동영상 플랫폼으로 본 애니메이션을 확장하고 재생산해서 새로운 애니메이션을 만들어 내는 일도 늘고 있다. 그 때문인지 오늘날 젊은이들은 단순한 일상 장면조차 제대로 표현하지 못한다. 기계는 잘 다룰지 몰라도 손으로 그리는 데생은 엉망진창이다.

미야자키 하야오는 줄곧 애니메이션 업계가 몰락해 버렸다고 생각해 왔다. 잘 알려진 대로 CG를 매우 싫어하는 미야자키 덕분에 지브리 하면 손으로 작업한 셀 애니메이션을 떠올릴 정도다.《벼랑 위의 포뇨》는 오늘날의 애니메이션 중 이례적으로 CG를 배제한 작품이 되었다. 본인은 스마트폰도 사용하지 않는다고 말하기도 했다. 사실 가지고 있다고 스즈키 도시오가 폭로하긴 했지만 말이다. 미야자키 하야오는 과학 기술로 인해 인간의 재능이 쇠퇴할 것이라고 본다.

다른 이야기지만 재미있는 일화가 있어 소개한다. 언뜻 보기에 교훈을 주는 작품을 많이 만든 다카하타 이사오는 미야자키 하야오의 가치관에 영향을 줬다. 하지만 미야자키와는 반대로 최신 기술을 좋아한다. 사실《이웃집 야마다 군 ホーホケキョ となりの山田くん》처럼 소박해 보이는 작풍은 디지털 채색 기법을 활용했기 때문에 실현할 수 있었다. 다카하타는 의외로 인터넷 검색이 취미다. 또한 하츠네 미쿠의 음원을 데모로 사용할 정도로 열렬한 팬이기도 하다.

다시 본론으로 돌아가자. 미야자키 하야오는 일상생활에서는 아니더라도 적어도 제작 현장에서만큼은《바람이 분다》를 제작할 때까지 일관되게 수작업에 가치를 뒀다. 누가 뭐라 하든 종이와 연필로 끊임없이 고군분투해 왔다. 재능이 과학 기술에 밀리는 시대에 혼자 재능을 지켜왔다는 자부심이 있기 때문이다.

재능론의 시선에서 본 마지막 장면의 의미

《마녀 배달부 키키》도《바람계곡의 나우시카》나《천공의 성 라퓨타》와 마찬가지로 결말이 논쟁거리가 되었다. 그 내용을 소개하기 위해 스즈키 도시오와 오시이 마모루의 말을 인용한다. 그들의 발언에 쟁점이 잘 정리되어 있기 때문이다.

우선 스즈키 도시오가 『지브리의 천재들』에서 밝힌 견해부터 소개한다. 물론 스즈키는 지브리 관계자인 만큼 결말에 긍정적인 쪽이지만 그의 이야기에 따르면 지브리의 제작 현장에서도 부정적인 견해가 많았다고 한다. 회사 내에서도 의견이 분분할 정도로 미야자키의 결말이 이해하기 어려웠다는 뜻으로 보인다.

스튜디오 지브리의 메인 스태프들 사이에서는 키키가 노부인에게서 케이크를 선물 받는 장면에서 끝나야 한다는 의견이 다수였다고 한다.

나는 미야자키 씨가 없는 자리에서 메인 스태프들을 모아 두고 설득하기로 했다.

(중략)

"오락 영화라면 마지막에 영화를 봤다는 만족감이 필요

하네. 그러기 위해서는 마지막을 화려하게 장식하는 게 좋겠지.”

(중략)

영화가 개봉된 후, 영화 잡지인 『키네마 준보』에 이러한 영화평이 실렸다.

‘좋은 영화였지만 케이크 장면에서 끝났다면 훨씬 좋은 명작이 되었을 것이다.’

(중략)

확실히 잘 짜인 스토리 구성을 위해서는 그 편이 좋았을지도 모른다. 하지만 나는 영화라면 어떤 장면이든 화면에서 눈을 떼지 못할 만큼 두근거리는 마음으로 봐야 한다고 생각한다.

이에 반해 오시이 마모루는 확실히 부정적인 쪽이다. 『아무도 말하지 않았던 지브리에 대하여』에서 이렇게 대답했다.

　-미야자키 씨는 완성된 《마녀 배달부 키키》에 만족했을
　　까요?

오시이: 잘은 모르겠지만 싫어하지 않을까요? 반신반의
하며 만들어야 했기 때문에 마지막에 비행선 장
면을 추가한 거겠죠. 그런 장면이 없으면 미야
자키 작품이라는 인증이 없다고 생각한 거예요.
원작은 물론이고 아마 각본에도 없었을 것 같네
요. 아마 미야자키 본인이 직접 콘티를 추가했을
거라고 봅니다.

–비행선 장면이 없었다면 어떻게 끝내야 했을까요?

오시이: 부탁받은 물건을 제대로 배달한 다음 거기서 끝
났겠죠. (중략) 이 작품은 첫 미션을 끝내고 나
서 비로소 어엿한 마녀가 된 소녀의 성장 기록물
이잖아요? (중략) 깔끔하게 만들고 싶었을 텐데
마야자키 씨는 이것저것 다 넣는 타입이니까 자
기도 모르는 사이에 이렇게 된 거죠.

이 두 사람의 이야기가 《마녀 배달부 키키》의 결말에 대
한 논쟁이다. 스펙터클한 비행선 장면이 꼭 필요한가로 논쟁
을 벌이는 것이다.

미안한 말이지만, 개인적으로는 오시이 마모루와 관계

자인 스즈키 도시오 모두 작품을 제대로 이해하지 못했다고 생각한다. 아직 미야자키 하야오라는 사람을 잘 모르는 것 같기도 하다.

『키네마 준보』나 오시이 마모루처럼 부정적인 입장의 주장은 이 영화를 단순히 주인공이 자립하는 이야기로만 받아들인 것이다. 물론 순수하게 흥행의 관점에서 본다면 갈등이 고조되는 스펙터클한 장면이니 추가해야 더 재미있을 것이라는 긍정적인 입장도 틀린 말은 아니다. 하지만 정말 그것이 전부일까?

영화의 결말은 '재능과 시대의 싸움'이라는 영화의 숨겨진 주제를 생각하면 자연스럽게 이해할 수 있다. 마지막에 비행선이 나와야 하는 이유는 다음과 같다.

비행선과 빗자루는 똑같이 하늘을 날 수 있게 해주는 도구다. 비행선으로 대표되는 과학을 마법이라는 재능이 아주 잠깐이라도 이겨내는 '기적'을 그린 장면이라고 받아들이면 어떨까? 게다가 영화 초반에 자동차, 복엽기, 기관차와 같은 탈것에 뒤처지던 키키의 모습과 결말의 모습이 깔끔하게 수미상관을 이루는 점도 훌륭하다. 이외에도 키키가 빗자루를 타고 고향을 떠나는 장면과 톰보를 구하기 위해 대걸레를 타고 날아오르는 장면도 짝을 이루는 장면이다. 《바람계곡의 나우시카》나 《천공의 성 라퓨타》의 말도 안 되는 시나리오가 믿기지 않을 정도로 이야기의 구성이 잘 짜여있다.

비행선이 등장하는 장면은 미야자키 하야오가 말하고자하는 주제에 충분한 답을 제시하는 결말이다. 초반에 재능을가진 사람들에게 재능이 시대에 밀리는 상황이 괜찮으냐고질문을 던졌다면, 후반에는 끝까지 재능을 믿는디면 언젠가시대를 이겨내는 기적이 일어나리라는 답을 제시한다.

이는 미야자키 하야오가 가진 염원을 표현했다고도 말할수 있다. 컴퓨터에 의존하는 애니메이션이야말로 침몰하는배이고 자신이 고집해 온 셀 애니메이션이 기적을 일으킬지도 모른다고, 아니 반드시 그래야 한다고 말이다.

《마녀 배달부 키키》에서 현실의 대중들도 드디어 미야자키 하야오가 오랫동안 지켜온 셀 애니메이션을 높이 평가했다. 작품과 현실에서 모두 복선이 훌륭하게 회수된 것이다.

《마녀 배달부 키키》의 설욕, 《폼포코 너구리 대작전》

지브리에는 《마녀 배달부 키키》와 비슷한 주제를 가진 영화가 또 있다. 바로 1994년에 개봉한 다카하타 이사오 감독의 《폼포코 너구리 대작전》이다. 과거에 존경받던 너구리 일족이 인간들 틈에 섞여 살아가고 있다. 어떻게 하면 인간들의 과학 기술에 대항할 수 있을까? 마지막 기적에 승부를 건다. 여기까지 보면 《마녀 배달부 키키》와 《폼포코 너구리 대작전》은 크게 다르지 않은 것 같다.

미야자키 하야오의 인터뷰 내용을 보면 본인도 《마녀 배달부 키키》의 완성도가 아쉬운 듯 하다. 앞서 인용한 오시이 마모루의 발언도 꼭 틀린 것만은 아닐지도 모른다.

원래 《마녀 배달부 키키》는 나중에 《이 세상의 한구석에 この世界の片隅に》로 뒤늦게 높은 평가를 받게 되는 가타부치 스나오가 감독을 맡을 예정이었다. 하지만 갑자기 미야자키 하야오가 떠맡게 되어 《이웃집 토토로》 개봉 후 1년 만에 완성해야 할 정도로 일정이 촉박했다. 심지어 미야자키 하야오의 취향과는 거리가 먼 사춘기 소녀가 주인공이다 보니 제작할 때 상당히 애를 먹었을 것이다. 고민이 많은 소녀의 자립이 강조되면서 그 뒤에 숨겨진 심오한 재능론을 모두가

쉽게 알 수 있도록 제시하지 못했다.

다카하타 이사오가 감독을 맡긴 했지만, 5년이 지나서야 비로소 정말로 하고 싶었던 이야기를 확실하게 표현할 수 있었으니 그나마 다행인 일이다. 지브리 안에서 하나의 주제가 계속 이어지고 있다는 사실도 무척 흥미로웠다.

수다쟁이 지지는 왜 입을 다물게 되었을까

마지막으로 '지지는 왜 말하지 못하게 되었는가'를 주제로 간단하게 살펴보려고 한다. 이는 《마녀 배달부 키키》를 분석할 때 반드시 화제가 되는 문제이기도 하다.

이에 대해서는 크게 두 가지 설로 나뉜다. 하나는 원작에 근거한 설이다. 원작의 설정은 다음과 같다.

마녀는 딸을 낳으면 같은 시기에 태어난 검은 고양이를 데려와 함께 키운다. 딸과 검은 고양이는 함께 자라면서 둘만의 대화를 할 수 있게 된다. (중략) 성장한 딸이 고양이만큼 소중한 사람이 생겨 결혼하게 되면 검은 고양이도 자신의 짝을 찾아 따로 떨어져 살게 된다.

이를 근거로 키키와 톰보가 사귀게 되었기 때문에 지지가 말을 하지 않게 되었다는 주장이 있다.

하지만 미야자키 하야오는 이 설정을 살리지 않았다. 원작에서는 키키와 지지뿐 아니라 고키리와 지지도 서로 대화를 나눈다. 그러나 영화에는 그런 장면이 나오지 않는다. 고키리와 키키가 사람의 말을 하는 지지를 마녀의 필수 요소로 여기는 것 같지도 않다. 키키와 톰보가 사귀는 모습 역시 크게 부각시키지 않았다.

그렇다면 지지가 상상 친구Imaginary Friend라는 또 다른 설을 생각해 볼 수 있다. 사실 이미 미야자키 하야오나 스즈키 도시오가 여기저기서 밝힌 내용이기도 하다. 말하는 지지는 원래 키키의 상상 친구(어린아이가 풍부한 상상력으로 만들어 낸 가상의 존재이자 자신의 분신. 실제로 보거나 대화를 나누기도 한다.–옮긴이)였고, 키키가 자립하게 되면서 더 이상 필요하지 않게 되었다는 뜻이다. 근거라고 할 정도는 아니지만 『지브리의 천재들』에 나온 내용을 인용한다.

사춘기에 관해 생각하면서 지지의 역할도 확실해졌다. 지지는 단순한 반려동물이 아니라 또 다른 자신이었다.

따라서 지지와의 대화는 자기 자신과의 대화인 셈이다. 마지막에 지지와 대화할 수 없게 된 것은 키키가 더는 분신이 필요하지 않다는 뜻이다. 키키가 혼자 코리코 마을에서 잘 살아갈 수 있게 되었다는 사실을 의미한다.

이에 따르면 지지가 말을 할 수 없게 된 것이 아니라 더 이상 지지와 대화할 수 없게 되었다는 의미로 받아들여야 하지 않을까.

지지가 말을 하는 이유

미야자키 하야오가 대단한 점은 지지가 키키의 분신이라는 아이디어를 떠올려 이를 애니메이션 역사상 볼 수 없었던 연출로 연결했다는 것이다.

스즈키 도시오는 지지를 가리켜 '또 다른 자신'이라고 설명했지만, 그보다는 '스스로와 대립하는 또 하나의 자신'이라고 표현하는 게 더 정확하다. 영화에서 키키의 대사는 명분으로, 지지의 대사는 본심으로 구분하는 것을 보면 무슨 뜻인지 알 수 있다.

자기가 직접 만든 빗자루가 아니라 어머니가 사용하던 빗자루를 물려받는 장면을 살펴보자. 키키는 낡은 빗자루라 싫다고 투덜대지만 지지는 고키리의 빗자루가 좋다고 말한다. 자기주장이 강해지는 나이이지만 본심은 부모에게 의지하고 싶은 것이다. 이외에도 여행 중에 만난 선배 마녀를 보며 감탄하는 키키와 달리 지지는 노려보기만 한다. 여성이 가진 동성에 대한 동경과 질투를 키키와 지지의 모습으로 표현한 것이다.

자립은 인정하고 싶지 않은 본심도 자기 자신으로 받아들이는 과정이다. 인정하고 싶지 않은 자신의 모습을 분신에게 떠넘기는 게 아니라 자기 자신과 동일한 존재로 받아들일 때 비로소 어른이 된다는 사실을 보여준다.

여기까지 나름대로 지지가 가진 의미를 정리해 보았다. 이쯤에서 미야자키 하야오가 왜 대단한지 짚고 넘어갈 필요가 있다. 우선 그의 설계 능력이다. 지지를 말할 수 있게 설정해서 키키와 지지의 역할이 명확하게 구분되도록 했다.

또 하나는 연출 방법을 발굴하는 능력이다. 글로 설명하기는 쉬워도 영상으로 나타내기에는 무척 까다로운 인물의 내면과 외면을 동시에 표현했다. 이 능력 덕분에 키키의 이야기를 단편적으로 묘사하지 않고 지지의 표정이나 잔소리로 키키의 본심을 표현할 수 있었다. 이처럼 군더더기 없는 연출에서 미야자키 하야오가 왜 대단한지를 알 수 있다.

주어진 기간이 짧은 것이 때로는 좋은 결과를 낳기도 한다. 어쩌면 《마녀 배달부 키키》가 바로 여기에 해당할지도 모른다. 대타였던 미야자키 하야오가 만들어 낸 《마녀 배달부 키키》는 아이들은 즐거워하고 어른들은 감동하는 완성도 높은 작품이다.

제5장

비행기 오타쿠의
폭주

1992년

《붉은 돼지》

紅の豚 / Crimson Pig

1930년대의 이탈리아. 포르코는 제1차 세계대전 당시 공군 비행사였다. 하지만 지금은 하늘의 도
적인 공적을 소탕하는 한낱 현상금 사냥꾼이다. 이유는 알 수 없지만 돼지의 얼굴을 하고 있다.
지나를 사이에 둔 연적 커티스와 결투를 벌이지만 패배하고 만다. 젊은 여성 설계사인 피오의 도
움으로 비행정을 수리해 다시 한번 커티스에게 도전한다. 공중전에서는 승부를 내지 못하고 육탄
전까지 벌인 끝에 승리를 거머쥔다. 피오의 키스를 받은 포르코는 과연……?

비행기를 좋아해서 만든 영화

《마녀 배달부 키키》로 대성공을 거둔 미야자키 하야오는 《붉은 돼지》에서 원하는 대로 영화를 만들 수 있게 되었다. 아무리 생각해도 이 영화에 나오는 돼지는 미야자키 하야오 본인을 모델로 삼은 캐릭터인 것 같다. 《붉은 돼지》에서 미야자키 하야오는 누구의 방해도 받지 않고 자신이 가장 좋아하는 비행기를 그리는 일에 열중한다. JAL에서 기내 엔터테인먼트를 위해 제작을 의뢰한 영화라고는 해도 비행기가 너무나도 자세하게 묘사되었다.

실제로 연출 메모에 주요 관객은 '지쳐서 뇌가 흐물흐물해진 중년 남성'이라고 적혀 있다. 지금까지 지켜온 '애니메이션은 아이들의 것'이라는 명분은 잠시 내버려 두고 지친 중년인 자신을 위해 취향을 가득 담아 만든 게 아닐까 생각한다.《이웃집 토토로》와《마녀 배달부 키키》로 이어진 고된 여정을 향한 그의 거대한 반항인 셈이다. 하늘을 날면 여성들에게 인기를 얻을 수 있다는 아저씨의 로망이 적나라하게 담겨있다.

본인의 취향대로 만들었기 때문에 스토리의 개연성은 엉망이다. 물론 이전 작품에서도 이러한 문제점이 지적되긴 했지만 어떻게든 감동적인 결말로 마무리 지었다. 그러나《붉은 돼지》는 영화를 보는 내내 '비행기 조종에 대한 자부심만 잔뜩 보여주다가 육탄전으로 끝나다니. 이건 좀 아니지 않나?'라는 생각이 들 정도였다. 지나치게 장황하다는 느낌을 좀처럼 지울 수 없었다.

애초에 숨길 생각도 없었던 것 같다. 이 작품 이후로 미야자키 하야오는 시나리오의 개연성과 기승전결의 구조를 전혀 신경 쓰지 않았으니 말이다. 그럼에도《붉은 돼지》는 미야자키 하야오의 작품 중에서 개인적으로 정말 좋아하는 애니메이션이다.《붉은 돼지》는 그가 처음으로 본심을 숨기지 않고 터뜨리면서 감독으로서 한 단계 더 성장한 작품으로 봐도 좋다고 생각한다. 스토리가 아닌 작화에 주목하자면, 특히 미야자키 하야오의 비행기 오타쿠로서 면모가 생생하게 드러나는 디테일한 비행기 묘사는 감동적일 정도다.

미야자키 하야오가 사랑해 마지않는 비행기. 아는 사람만 알면 그만이라는 듯, 아무런 설명도 없이 잔뜩 그려 넣은 비행기와 그 주변의 묘사를 분석해 보자.

맘마유토단과 새인간 콘테스트

영화 초반에 10분 정도 여자아이들을 납치한 공적 맘마유토단과 이를 쫓는 주인공 포르코 로소의 모습을 보여준다. 이 일련의 비행기 액션 장면 하나만으로 많은 이야기를 할 수 있다. 이 액션 장면에서는 이상하리만치 정확하게 비행기를 묘사하고 있다.

우선 맘마유토단의 비행정('비행기'가 아니라 물 위에도 착수할 수 있는 '비행정'으로, 포르코의 사보이어도 마찬가지다.)인 다보하제호의 착수 장면에 주목할 필요가 있다. 이 비행정은 부드럽게 착수하지 않고 공중에서 수직으로 떨어지듯 착수한다. 사선으로 완만하게 착수해야 기체의 부담도 적을 것 같은데 예상하지 못한 방향에서 마치 낙하하듯 착수한다.

맘마유토단의 난폭함을 나타내는 연출이라고 생각했는데 아니었다. 맘마유토단은 겉보기와 다르게 꽤 성실하게 일하는 집단이다. 이 거친 착륙은 '지면 효과Ground Effect'를 줄이기 위한 것이다. 지면 효과란 비행기가 지면에 가깝게 비행할 때 힘이 일시적으로 늘어나는 효과를 말한다.

일본의 비와호에서 개최되는 '새인간 콘테스트(매월 7월 말 요미우리 TV 주최로 열리는 인력 비행기 대회.-옮긴이)' 영상에서 지면 효과를 볼 수 있다. 콘테스트에 출전한 사람은 모두 수면과 가깝게 비행한다. 처음부터 고도를 높이면 수면에 떨어질 때까지 시간을 벌 수 있다고 생각하기 쉬운데 실상은 다르다. 새인간 콘테스트에서 사용되는 작은 활공기(비행기와 같이 고정 날개를 가졌지만 엔진 등의 동력 장치 없이 바람이나 중력의 힘으로 비행하는 항공기.-옮긴이)를 예로 들어보자. 고도 약 1m 정도로 지면에 가깝게 비행하면 지면 효과에 의해 멀리까지 날 수 있다. 하지만 5m 정도로 고도가 높아지게 되면 지면 효과가 사라져 멀리 날 수 없다.

지면 효과는 날개에서 발생하는 기류가 지면과 충돌하면서 생겨난다. 날개가 위에 달린 비행기는 지면 효과의 영향이 줄어들지만, 다보하제호에는 보조 돌출판이라 불리는 짧

은 날개처럼 생긴 돌출 구조물이 달려 있어 기체를 안정시
킨다. 다보하제호는 이 보조 돌출판이 날개만큼이나 크기 때
문에 지면 효과에 따른 양력이 발생하게 된다.

따라서 너무 멀리 날아가면 지면 효과가 발생해 원하는
위치에 착수하지 못할 수도 있기 때문에 엄청난 기세로 수
직 낙하를 하듯 수면으로 떨어지는 것이다. 이렇게 착수하면
습격할 배에 쉽게 접근할 수 있다.

또한 아이들을 유괴해 도망치는 다보하제호가 낮게 비행
하는 것도 지면 효과로 설명이 가능하다. 추적을 피하기 위
한 이유도 있지만, 지면 효과를 이용하면 연료도 최대한 절
약할 수 있다. 맘마유토단이 구두쇠 집단이기에 충분히 생각
할 수 있을 법한 이유다.

지면 효과는 항공 역학을 다루는 업계에서는 상식이지
만, 애니메이터가 반드시 알아야 할 지식은 아니다. 이처럼
《붉은 돼지》에는 아무 생각 없이 그렸다면 만들어질 수 없는
장면들이 연달아 등장한다.

미야자키 하야오는 이 책에서 다루지 않은 다른 물리 현
상들도 모두 재현했다. 디테일에 신경 쓰다 보니 애니메이션
이 훨씬 리얼하게 느껴진다. 지브리 애니메이션을 보고 실제

로 그 장소에 가보고 싶다는 생각이 드는 것은 이러한 현실 감이 작품 속 세계를 현실처럼 믿게 만들기 때문이 아닐까.

미야자키의 숨겨진 노력 덕분에 돼지의 얼굴을 한 인간 이라는 말도 안 되는 설정 역시 어느새 위화감 없이 받아들 이게 된다.

포르코가 총에 맞지 않는 이유

사실 맘마유토단이 수면에 닿을 만큼 낮은 고도로 비행 하는 이유가 하나 더 있다. 바로 적의 탄환을 피하기 위해서 다. 이 시대의 공중전은 적의 비행기와 스쳐 지나갈 때 미사 일을 퍼붓는 방식이다. 만약 비행기가 고도를 낮춰 다보하제 호를 공격하려고 하면 수면에 충돌하고 만다. 수면에 닿을 것처럼 저공비행하는 상대에게는 급하강해 공격하는 방법 이 통하지 않는다.

하지만 포르코는 다보하제호보다 더 낮은 고도에서 비행 하며 아래에서 공격한다. 이 공격으로 다보하제호는 두 개의 엔진 중 하나가 파손되고 만다. 지면 효과의 힘을 이용하기 위해 저공비행하는 다보하제호를 포르코의 사보이어도 똑같이 저공비행하며 뒤쫓는다.

이때 맘마유토단은 추격해 오는 사보이어를 향해 기관총을 난사하는데 어째서인지 전혀 맞히지 못한다. 이는《인디아나 존스Indiana Jones》시리즈나 수많은 액션 영화처럼 '주인공은 절대 총에 맞지 않는다'라는 법칙 때문이 아니다. 어디까지나 정당한 이유가 있다.

사보이어는 똑바로 비행하는 것처럼 보이지만 사실 그렇지 않다. 포르코는 조종 장치를 미세하게 움직여 비행기 머리가 향하는 방향을 계속 교묘하게 바꾼다. 실제 항로를 눈치채지 못하게 해서 상대를 속이는 트릭인 것이다.

이것이 무슨 뜻일까. 당연한 말이지만 총을 상대에게 겨눌 때는 현재 위치가 아닌 예상 진로를 노린다. 바꿔 말하면 비행기 머리가 향하는 방향이 예상 진로라고 할 수 있다. 그래서 맘마유토단도 그곳을 노리고 사격한다. 하지만 실제 사보이어는 똑바로 날지 않고 조금씩 방향을 틀고 있기 때문에 맘마유토단의 예상과 실제 진로가 겹치지 않는다. 그래서 포르코가 총에 맞지 않는 것이다.

이러한 기술이 현실적으로 가능할까? 사보이어는 나무로 만든 비행정이다. 이는 다시 말하면 그날의 환경에 따라 모양이 뒤틀린다는 뜻이다. 그래서 똑바로 비행하는 게 오히려 어렵다. 똑바로 비행하고 싶어도 오른쪽이나 왼쪽으로 멋대로 기울어지는 것이 목조 비행정의 단점이다. 조종이 까다롭기 때문에 많은 비행사가 금속 비행정으로 갈아탔다. 하지만 고집이 센 포르코는 뛰어난 조종 능력으로 오랫동안 동고동락해 온 비행정을 어떻게든 하늘에 띄웠다. 그렇기에 '똑바로 비행하는 것처럼 보이는 드리프트 기술'을 완성할 수 있었다.

직선으로 비행하는 것처럼 다보하제호에 교묘하게 접근했다가 멀어지고, 오른쪽으로 틀었다가 왼쪽으로 방향을 틀기도 한다. 아무리 조준 사격해도 포르코를 맞힐 수 없는 진짜 이유는 여기에 있다. 낡은 기체를 익숙하게 조종하는 포르코의 뛰어난 기술과 사보이어라는 특수한 기체의 조합이 만들어 낸 그 누구도 상상할 수 없는 재주다.

낡은 목조 기체라 똑바로 비행할 수 없다는 사실은 단순한 설정만으로는 전달되지 않는다고 생각한 것일까? 영화 중반의 비행정을 수리하고 다시 날아오르는 장면에서 피오가 트림 탭Trim Tab(기체를 조종하는 날개)을 장착해서 똑바로 비행할 수 있다는 뉘앙스로 말을 한다. 트림 탭을 장착한 것만으로 똑바로 비행할 수 있게 되었다니, 이전에는 얼마나 조종하기 어려웠을지 가늠조차 할 수 없다.

선회로 알 수 있는 뛰어난 비행 기술

다보하제호의 추격 장면뿐 아니라 커티스와 공중전을 펼치는 장면에서도 포르코의 뛰어난 기술이 잘 드러난다. 바로 지면에 스칠 정도로 아슬아슬하게 급선회히는 장면이다. 이를 본 관객들이 모두 탄성을 질렀는데, 어떤 부분에서 굉장한 것인지 미야자키 하야오는 설명해 주지 않는다. 아무런 배경지식이 없으면 지면에 가깝게 비행하는 모습이 스펙터클하게 보일 뿐이다. 하지만 이 또한 비행기의 상식을 조금만 알고 있다면 이해할 수 있는 범위가 넓어진다.

비행기는 자동차와 배처럼 조종간만으로는 방향을 틀 수 없다. 비행기는 조종간을 오른쪽으로 꺾으면 비행기의 머리가 오른쪽으로 향할 뿐 여전히 앞을 향해 비행한다. 자동차로 설명하면 드리프트해서 크게 커브를 돌아 미끄러지듯이 앞으로 나아갈 뿐이라는 뜻이다.

비행기의 진로를 돌리기 위해서는 겉으로 보면 당연한

것이지만 비행기 자체를 기울여야 한다. 하지만 기체가 기울면 큰일이 벌어진다.

선회하면 날개 면적은 줄어든다

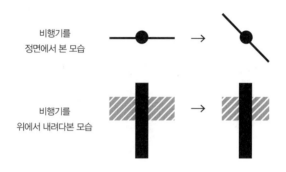

비행기를
정면에서 본 모습

비행기를
위에서 내려다본 모습

비행기의 양력은 날개 면적에 비례한다. 날개 면적은 비행기 위에서 빛을 수직이 되도록 비추었을 때 생기는 그림자의 면적으로 이해하면 된다. 위의 그림을 보면 알 수 있지만, 기체가 기울면 날개 면적도 줄어들어 비행기의 양력도 줄어들게 된다. 이는 곧 비행기가 선회할 때는 양력이 줄어든다는 뜻이다. 그렇게 되면 고도 역시 자연스럽게 낮아진다. 따라서 고도를 유지한 채 선회하려면 다음과 같은 절차가 필요하다.

우선 기체를 기울인다. 그 순간 날개 면적이 줄어들기 때문에 양력도 줄어들어 기체가 하강하기 시작한다. 이때 조종간을 움직여 비행기 머리를 위로 들어올리고 동시에 스로틀(통로의 면적을 변화시켜 유체의 흐름을 제한하는 판. 항공 분야에서 추력 레버를 가리킨다.-옮긴이)을 열어 프로펠러의 회전수를 올린다. 여기서 스로틀을 여는 것은 자동차로 설명하면 액셀을 밟는 것과 같다.

위의 동작을 티이밍에 맞게 순서대로 진행하면 고도를 일정하게 유지하며 선회할 수 있다. 관객들은 이렇게 '고도가 낮아져 추락할 수도 있는 위험을 감수하는 담대함'과 '선회 중에 고도를 유지하는 기술'을 보고 탄성을 지른 것이다.

오늘날의 비행기는 이러한 문제를 쉽게 해결할 수 있지만, 당시에는 비행기로 고도를 유지하면서 비행하는 것은 엄청난 재주였다. 포르코의 뛰어난 비행 기술을 보여주는 장면이다.

포르코와 커티스 중에 누가 더 뛰어날까

포르코의 기술만 좋게 평가했지만 그에 맞서는 커티스 또한 상당한 실력자다. 이 둘은 비행기끼리의 격추전에서 승부를 내지 못해 결국 육탄전까지 벌이고 만다. 커티스가 포르코 못지않은 비행사라는 사실은 결투 이전부터 그려진다. 포르코에게 뒤지지 않는 정도가 아니라 커티스만이 할 수 있는 기술도 있다.

우선 포르코는 결코 밤에는 비행하지 않는다. 낮에만 비행하거나 아무리 늦어도 저녁까지만 비행한다. 이에 비해 커티스는 야간비행도 망설임이 없다. 이 시대의 야간비행은 무척 위험했다. 당연한 말이지만 밤에는 주변이 보이지 않기 때문이다. 지금처럼 편리한 레이더가 없고 원시적인 관측 기기와 계산에 의존하는 상황에서는 어두운 밤에 원하는 대로 비행하기가 상당히 어렵다. 익숙한 상황으로 가정해 보자. 앞이 보이지 않는 캄캄한 어둠 속에서 똑바로 걸을 수 있을까? 아마 쉽지 않을 것이다.

게다가 당시에는 연료 소진으로 인해 조난되는 일도 잦았다. 밝은 대낮에도 목적지를 향해 똑바로 비행하기 어려웠다. 직선으로 나아가고 싶어도 앞서 말한 포르코의 드리프트처럼 크게 미끄러지듯 원을 그리며 비행할 수밖에 없었다. 구형 비행기를 몰다 보면 이러한 일들은 일상다반사였다. 낮이라면 비행기 머리라도 똑바로 맞출 수 있지만 밤에는 주변이 온통 캄캄하니 속수무책이다.

운이 나쁘면 산과 충돌하기도 했다. 어둠 속에서는 고도를 정확하게 파악하기 어렵기 때문에 생각보다 낮게 비행할 때가 있다. 어둠 속에서 장애물을 발견하면 어쩔 수 없이 충돌하게 된다.

착륙이나 착수도 불빛이 없으면 힘들다. 특히 착수는 바다에 내려야 하기에 더욱 그렇다. 불빛이 없는 바다에서는 수면과 근접해서야 겨우 알아차릴 수 있다. 이렇게 고도를 안다고 해도 착수하는 타이밍을 맞추기란 여간 어려운 일이 아니다.

어두운 밤에 아드리아노 호텔에서 날아오르는 커티스를 보며 포르코가 제법이라고 말하는 것도 이 때문이다. 커티스는 밤에도 자신이 생각한 고도와 경로를 제대로 유지할 수 있는 기술과 담대함을 갖췄다. 물론 야간 착수도 전혀 문제가 되지 않는다.

커티스의 비행정은 날개가 위아래에 달린 복엽기라 아래 날개에 지면 효과가 크게 발생한다. 아마도 커티스는 수면에 가까워졌을 때 미세하게 발생하는 양력으로 거리를 파악해 엔진 출력을 떨어뜨려 착수하는 고도의 테크닉을 가졌을 것이다. 숙련된 조종사인 포르코가 잠드는 밤에 젊은 커티스가 이륙하는 장면은 두 천재의 모습을 극명하게 대비시킨 장면이라고 할 수 있다.

여담이지만,《바람계곡의 나우시카》를 설명하면서 예시로 들었던 생텍쥐페리의 『인간의 대지』는 1939년 작품이다. 생텍쥐페리는 목숨을 걸고 비행했던 20세기 초반의 비행사다. 심지어 그는 우편 비행사로서 국제 신항로의 개척과 같이 목숨을 건 여정을 수차례 경험했다. 그렇기에 『인간의 대지』처럼 철학적인 작품이 탄생할 수 있었던 것이다. 또한 생텍쥐페리가 1931년에 발표한 『야간비행Vol de Nuit』은 당시 야간비행의 어려운 현실을 담고 있으니 꼭 한 번 읽어보기를 바란다.

로알드 달의 비행기 무덤

미야자키 하야오는 생텍쥐페리의 소설 이외에도 비행기가 나오는 작품을 닥치는 대로 읽었다. 비행사였던 조세프 케셀이 쓴 비행기 소설 『메르모즈Mermoz』와 이 소설의 모델이자 같은 비행사였던 장 메르모즈가 쓴 『나의 비행Mes vols』

등을 읽었다고 밝혔다.

그중에서도 미야자키가 사랑한 작가는 《찰리와 초콜릿 공장Charlie and the Chocolate Factory》의 원작자 로알드 달이다. 영국 공군의 에이스 조종사였던 그의 작품으로는 『응답 바람Over to you』과 『단독 비행Going Solo』 등이 있다. 미야자키 하야오는 『출발점』에서 어떤 영향을 받았는지 다음과 같이 이야기한다.

『응답 바람』은 우연히 읽게 되었다. 이 책에는 그가 영국 공군에 입대했을 때 그리스에서 체험한 이야기를 바탕으로 한 단편들이 수록되어 있는데, 그 내용에 엄청나게 매료되고 말았다. (중략) 로알드 알의 소설은 비행기가 나오는 작품 가운데 처음으로 진짜라고 생각한 작품이다. 생텍쥐페리의 작품을 읽으면 너무 멋을 부리며 명상만 하고 있어 이러다가는 비행기가 추락할 것 같은 느낌이 들곤 했다. (중략) 이에 비해 로알드 달의 작품에는 쓸데없는 게 전혀 없다. 하나로 관통하는 이야기다. 그 상쾌함은 무엇일까. 나는 정말로 상쾌하다고 느꼈다. 『단독 비행』을 읽었을 때도 마찬가지였다. 그래서 왜 일본에는 이런 작품이 없을까, 일본인 중에도 이런 사람이 나오지 않을까 생각했다. 일종의 선망하는 마음으로 그 책을 읽었다.

영향이 명확하게 드러나는 생텍쥐페리보다 더 영향을 받았다는 사실은 의외다. 하지만 구름 위 세상을 묘사하는 장면에서 로알드 달의 영향을 분명히 느낄 수 있다. 함께 전투기를 몰던 옛 동료들은 목숨을 잃고 비행기 행렬이 만들어 낸 구름으로 들어갔는데 자신은 그곳으로 갈 수 없었다며, 포르코가 괴로워하는 마음을 피오에게 이야기하던 인상 깊은 장면 말이다. 이 장면은 『응답 바람』에 수록된 「그들은 늙지 않으리They Shall Not Grow Old」라는 단편을 오마주한 것이다.

이 소설은 제2차 세계대전 당시 영국 공군을 배경으로 한 이야기로, 《붉은 돼지》와 비슷한 비행기 무덤이 등장한다. 공중전으로 목숨을 잃은 비행사들이 불가사의한 공간으로 끌려가는데, 그곳에서 영원히 비행기를 타고 날아다니며 나이를 먹지 않고 살아간다.

그러나 이 소설의 화자인 핀은 포르코와 마찬가지로 죽지 않고 돌아왔다. 무덤을 목격한 이후 벌어진 공중전에서 이윽고 핀의 비행기는 격추당한다. 추락하는 순간 핀은 기뻐한다. 하늘에서 죽는다는 것은 동료들과 함께 영원히 비행할 수 있다는 의미이므로 기뻐하지 않을 수 없었다.

하지만 그는 다시 살아남는다. 결국 하늘에서 죽지 못하고 오늘도 혼자서 살아간다는 괴로운 결말이다. 로알드 달의 실제 감정이 녹아있기 때문인지 매우 인상 깊었다. 이러한 장면에서 《붉은 돼지》는 「그들은 늙지 않으리」에 영향을 받았다는 사실을 확신하게 알 수 있다.

삶과 죽음, 인간과 돼지

「그들은 늙지 않으리」의 핀이 죽음을 원하는 것과 마찬가지로 포르코 역시 항상 자신이 죽을 장소를 찾고 있다. 그래서 적을 죽이지 않는다거나 사용하는 탄환의 수에 제한을 두면서 자신에게 불리한 규칙을 적용한다. 지나의 유혹에 넘어가지 않는 것도 스스로에게 내린 벌이다. 지나는 그동안 세 명의 비행사와 결혼했는데 모두 하늘에서 죽음을 맞이했다. 동료들을 뒤로하고 혼자서 살아남은 포르코는 지나와 이어질 자격이 없다고 정한다.

포르코는 자신이 살아있어서는 안 된다고 여긴다. 죽은 동료를 배신한 채 추악하고 볼품없는 현상금 사냥꾼으로서 살아남았기에 '돼지'가 된 것이다. 그러니 정정당당하게 인간의 삶을 살아갈 수 없다. 그런 그의 얼굴이 인간의 모습으로 변하는 순간이 딱 두 번 나온다. 마지막에 피오의 키스를 받을 때와 비밀 아지트에서 커티스와 결투를 준비할 때다.

《마녀 배달부 키키》에서 지지가 말하지 못하게 된 것이 키키와 톰보가 가까워졌기 때문이라는 주장처럼 사랑 때문일까? 피오를 향한 사랑의 힘 때문에 포르코의 얼굴이 인간의 모습으로 돌아왔다면 설득력이 떨어질 수밖에 없다. 만약 그렇다면 피오를 향한 사랑이 드러나기 전의 일인 비밀 아지트 장면은 어떻게 설명할 것인가.

옛 추억에 잠겼기 때문이라는 의견도 있지만, 적어도 비밀 아지트에서 결투를 준비하는 포르코는 옛 추억에 잠긴 것처럼 보이지는 않는다. 포르코가 과거를 떠올린 것은 피오가 옛이야기를 들려달라고 부탁한 다음의 일이다. 그리고 옛이야기를 시작한 후에는 인간의 모습으로 바뀌지 않는다.

포르코가 항상 죽을 장소를 찾고 있다는 사실을 생각하면 인간의 모습으로 돌아간 이유를 분명하게 알 수 있다. 인간의 삶을 살아갈 수 없는 자신에게 돼지로 변하는 벌을 내린 포르코가 무심코 살고 싶다는 인간의 욕망에 충실한 순간, 돼지에서 인간의 모습으로 돌아가는 것이다.

평소에는 무모한 일에 목숨을 걸며 돼지의 모습으로 살았지만, 커티스와의 결투를 앞두고 만반의 준비를 하면서 포르코는 무심코 죽고 싶지 않다고 생각한 것이다. 탄환을 챙기는 장면에서 인간의 모습으로 돌아가는 것은 매우 상징적이다. 자신이 살기 위해 상대의 목숨을 빼앗아도 좋다고 생각한 순간, 포르코는 인간의 모습을 되찾는다.

애초에 왜 돼지인가

포르코가 돼지가 된 이유는 삶과 죽음에 대한 욕망 이외에도 다양하게 해석할 수 있다. 이러한 해석들은 다양한 이유와 의미가 담겨있으니 모두 정답이라고 해도 좋을 것이다.

가장 쉬운 해석은 '붉은 돼지=적색분자=공산주의자'라는 공식이다. 미야자키 하야오 본인도《붉은 돼지》라는 제목을 붙이게 된 이유라고 밝혔다. 포르코가 공산주의자는 아니지만, 과거 자본주의 사회가 적색분자를 숙청했듯 국가의 적이자 사회의 아웃사이더인 '붉은 돼지'로 그려졌다.

다만, 이러한 해석은 '붉은'이 붙은 이유일 뿐 '돼지'로 변한 이유로는 부족하다. 주인공은 어쩌다 보니 돼지가 되었고, 영화의 완성도를 고려해 바다와 하늘의 푸른색과 대비되도록 붉은색 비행기로 묘사한 것은 아닐까? 이렇게도 생각해 볼 수 있다.

이번 장의 초반에서도 언급했듯이《붉은 돼지》는 미야자키 하야오의 로망이 담긴 작품이다. 비행기를 좋아하는 자신, 중년의 아저씨가 된 자신, 애니메이션 업계의 아웃사이더인 자신을 표현한 것이다. 다시 말해 포르코는 미야자키 하야오 그 자체다. 따라서 미야자키 하야오가 왜 자신을 돼지로 표현했는지를 생각해야 한다.

애초에 극 중에서 포르코가 돼지라는 사실은 여성만이 신경 쓰고 있다. 남성들은 전혀 신경 쓰지 않는다. 왜 돼지냐고 묻는 사람도 없다. 여성 중에서도 신경 쓰는 모습을 보이는 건 지나와 피오, 피오의 언니인 질리올라 정도다. 주점의 여종업원도 신경 쓰지 않는다.

정리하자면 자신을 투영한 포르코를 돼지로 설정한 것은 미야자키 하야오의 콤플렉스 때문이다. 나중에 개봉하는

《바람이 분다》역시 미야자키 하야오의 자전적인 이야기를 담고 있는 것처럼 보인다. 이 작품의 주인공인 호리코시 지로도 원작 만화에서는 돼지로 묘사되었다. 《붉은 돼지》처럼 미야자키 하야오 본인을 나타낸 것으로 보인다.

영화 《바람이 분다》에는 안경이 없으면 아무것도 할 수 없는 꿈을 꾸는 장면이나 지붕으로 올라가 멀리 있는 별을 보면서 시력을 강화하는 장면이 나온다. 지로가 안경을 콤플렉스로 생각한다는 사실을 바로 알 수 있다. 지로처럼 어린 시절부터 시력이 나빴던 미야자키 하야오는 도수 높은 안경을 쓴 자신의 모습에 열등감을 가지고 있었다.

어쩌면 외모 자체가 콤플렉스였을지도 모른다. 아마 분명 그랬을 것이다. 자신이 못생겨서 연애할 수 없다고 생각하는 것보다 차라리 볼썽사나운 돼지 가면을 쓰고 '돼지의 모습을 한 나는 애초에 인간들과 사귈 수 없다'라고 생각하며 자신을 안심시키는 것이다.

조금 다른 이야기지만, 반대로 생각하면 미야자키 하야오 본인이 인기가 없었기 때문에 포르코를 그토록 원했던 인기남으로 묘사했을 수도 있다. 아무리 '지쳐서 뇌가 흐물흐물해진 중년 남성'을 위해 만들었다지만 적당히 멈출 줄

몰랐던 게 아닌가 싶기도 하다.

다시 돼지 얼굴의 해석으로 돌아가 보자. 남성이나 주점의 여성들이 돼지 얼굴에 신경 쓰지 않는 것은 그들이 포르코의 얼굴에 관심이 없기 때문이다.

지금까지의 이야기를 정리하면, ①사회의 아웃사이더이자 ②외모에 콤플렉스가 있고 ③연애 대상으로서 인간의 삶을 버렸기 때문에 돼지의 얼굴로 변했다고 해석할 수 있다.

미야자키 하야오의 진짜 의도는 무엇이었을까? 또 다른 이유가 있었던 것은 아닐까? 스즈키 도시오는 『지브리의 천재들』에서 직접 물어본 적이 있다고 밝혔다.

> "애초에 주인공은 왜 돼지인가요?"
> 그러자 미야자키 씨가 불같이 화를 냈다.
> "이래서 일본 영화는 시시하다는 거야! 꼭 원인과 결과를 유추하려고 하잖아. 그냥 결과만 보면 될 텐데!"

자전적인 내용은 창작자가 스스로 자각하지 못하거나 들키지 않았다고 생각하는 경우가 많다. 어쨌든 미야자키 하야오가 화를 내면서 알려 주지 않은 이유는 영화에 투영한 자신의 콤플렉스를 들켰다고 생각했기 때문일지도 모른다. 아니면 정말로 아무런 이유가 없었을 수도 있다.

개인적으로는 《붉은 돼지》는 미야자키 하야오의 자전적인 이야기가 틀림없다고 생각하는데, 독자들의 생각은 어떤지 궁금하다.

제6장

시작은
1954년

1997 년

《모노노케 히메》

もののけ姫 / The Princess Mononoke

중세 일본에서 에미시 일족으로 태어난 소년 아시타카는 저주를 받고 서쪽으로 여행을 떠난다. 정체를 알 수 없는 지코 스님, 철을 만드는 타타라 마을의 주민들, 들개에게 키워진 소녀 산…… 목적지에 다다른 소년은 새로운 사람들을 만난다. 이윽고 아시타카는 몇몇 인간 세력과 신들이 벌이는 어지러운 걸침에 휘말리게 된다. 삶과 죽음을 관장하는 시시가미의 죽음과 폭주 이후 기적이 일어난다. 자연은 소생하고 인간들은 화해하며 각자 돌아갈 곳을 향해 떠나간다.

단순한 《7인의 사무라이》와 복잡한 《모노노케 히메》

제2장에서 미야자키 하야오가 SF 애니메이션에 맞서고자 했음을 설명했다. 미야자키가 그렇게까지 SF 작품을 부정했던 이유는 동경심에서 비롯되었다. 그는 『듄』을 동경하고 데즈카 오사무를 존경했다. 그만큼 SF 작품을 좋아했기에 부정하고 싶었을 것이다.

일류 창작자는 자신이 좋아하는 작품을 단순히 좋아하고 동경하는 것에만 그치지 않는다. 오히려 자신에게 영향을 준 작품을 부정하고 뛰어넘으려 한다.

미야자키 하야오는 《모노노케 히메》에서 기존의 작풍과 180도 다른 모습을 보여준다. 판타지를 전면에 내세우면서도 가공의 서양 세계가 아닌 일본을 무대로 선택했다. 여기에는 자신이 좋아하던 시대극이나 일본 영화에 대한 부정이 숨겨져 있을지도 모른다.

《모노노케 히메》가 개봉되기 4년 전인 1993년에 미야자키 하야오는 누구나 다 아는 일본 영화의 거장, 구로사와 아키라와 대담을 가졌다. 니혼테레비의 방송 기획으로 진행된 이 대담은 『영화란 무엇인가何が映画か』라는 책에도 나와 있다.

당시 방송 영상이나 책을 살펴보면 알 수 있는데, 확실히 미야자키 하야오도 세계적인 거장 구로사와 앞에서는 긴장한 모습이 역력하다. 상당히 위축되어 깍듯한 자세로 대담에 임하고 있다. 구로사와의 작품을 극찬하고 그의 평가를 쑥스러워하며 받아들였지만, 어쩐지 본심을 드러내지는 않은 것 같다.

그렇다면 그의 본심은 무엇이었을까? 이는 대담을 끝낸 미야자키 하야오의 단독 인터뷰에 드러난다. 그중에서 가장 중요하다고 생각되는 발언을 인용한다.

구로사와 감독이 만든 《7인의 사무라이七人の侍》는 일본 영화에 한 획을 그었다고 생각합니다. 《7인의 사무라이》는 역사관이나 당시 경제 및 정치적 상황, 사람들의

감정이 잘 나타나 있어 그 시대가 낳은 영화라고 해도 과언이 아니죠. 물론 구로사와 감독을 비롯한 스태프들의 역량도 있었겠지만, 이 영화는 시대가 만들었다고 할 수 있습니다. 영화에 등장하는 사무라이나 백성들의 모습, 싸움의 묘사 등 그 자체로 하나의 시대를 그려냈어요. 이는 주술을 건 것처럼 이후에 영화를 제작하는 많은 사람을 옭아맵니다. 옳다 그르다의 문제가 아닙니다. 그만큼 힘이 있는 작품이라는 거죠. 하지만 우리가 지금 시대극을 만든다고 한다면 이를 뛰어넘어야만 합니다.

이 말을 주의 깊게 살펴보자. 《7인의 사무라이》는 제2차 세계대전이 끝나고 아직 10년도 채 되지 않았을 무렵인 1954년에 개봉했다. 이제 막 전쟁에서 벗어난 일본에서는 먹을 것이 가장 문제였다. 배급받는 음식만으로는 굶어 죽을 수밖에 없다. 암시장에서 먹거리를 구하는 것도 한계가 있으니, 하는 수 없이 전차를 타고 시골까지 가서 농민에게 값을 치러 겨우 식량을 조달했다. 패전 이후의 시대에서는 이처럼 살기 위해 몸부림을 치는 사람들이 많았다.

당시 일본인의 감정을 떠올려 본다면 '농민은 이길 수 없다'라는 말을 실감할 수 있다. 농민에게 고급 시계나 거액의 돈을 건네야 겨우 쌀 한 가마를 받을 수 있던 시대였다. 그런 시대가 《7인의 사무라이》가 개봉되기 바로 전까지도 계속 이어져 왔다.

《7인의 사무라이》의 줄거리는 다음과 같다. 쌀을 노린 산적들이 농가를 습격한다. 곤란해진 농민들은 자신들을 지키기 위해 다른 무사들을 고용한다. 이윽고 산적들을 물리친 무사가 마지막에 '저 농민들이 이겼다'라는 대사를 읊조리며 영화가 끝난다.

이 이야기는 태평양 전쟁에서 패배하고 가까스로 귀환한 징집병들이 농민들에게 머리를 조아리며 살아갈 수밖에 없었던 시대적 배경과 연결되어 있다. 군인보다 농민이, 전투직보다 생산직이 우위에 있던 시대 분위기가 반영된 것이다.

《7인의 사무라이》는 이른바 시대의 흐름을 타고 성공한 작품일 뿐 시대극의 정석으로 칭송받을 걸작은 아니다. 적어도 미야자키 하야오는 그렇게 주장한다. 오늘날에는 볼 수 없는 사무라이와 그보다 힘이 센 농민은 아무래도 현실감이 떨어지기 때문이다. 전쟁과 식량난은 이미 기억 저편으로 사라진 지 오래다. 《7인의 사무라이》와 같은 명작이 남긴 시대극의 공식을 무조건 지키려는 것은 시대를 읽지 못하는 사람이나 할 법한 행동이라고 지적한다.

대담 후에 만들어진 《모노노케 히메》는 확실히 《7인의 사무라이》와 같은 시대극의 정석에 답을 제시한 영화다. 농민과 사무라이 대신 지금까지 묘사된 적 없는 사람들을 담았다. 타타라 마을, 소몰이꾼, 지코 스님, 한센병 환자, 아시카타의 에미시 마을 모두 생소한 아웃사이더다.

지금 우리는 혼란스러운 사회 속에서 어떻게 살아야 할지 막막한 시대에 살고 있다. 무엇이 옳고 그른지, 누가 강하고 약한지조차 알 수 없다. 《7인의 사무라이》로부터 40년 후, 《모노노케 히메》는 오늘날의 시대상에 맞게 각색된 시대극이라고 할 수 있다.

구로사와 감독과의 대담에서 《모노노케 히메》까지 이어진 시대극의 철학을 암시했던 미야자키 하야오는 《모노노케 히메》의 기획안에도 그 목표를 확실하게 드러냈다.

> 이 작품에는 보통 시대극에 등장하는 무사, 영주, 농민은 거의 얼굴을 비추지 않는다. 모습을 보인다고 해도 프레임의 한구석에 살짝 등장할 뿐이다. (중략) 이러한

설정의 목적은 기존 시대극의 상식, 선입관 및 편견에 얽매이지 않고 훨씬 자유로운 인물들을 표현하기 위해서다. (중략) 혼란스러운 21세기를 맞이해 이 작품을 제작하는 의미는 바로 거기에 있다.

이처럼 대담이라는 자극이 없었다면 지금 우리가 사랑하는 《모노노케 히메》는 빛을 보지 못했을지도 모른다.

백성을 습격하는 사무라이

《모노노케 히메》는 영화 초반에 《7인의 사무라이》를 비판하는 내용이 노골적으로 드러난다. 고향에서 쫓겨난 아시타카는 어느 마을이 습격당하는 모습을 목격한다. 평범한 백성처럼 볼품없는 행색을 한 하급 사무라이들이 경작지에서 백성들을 습격하고 있었다. 미야자키 하야오는 이 장면을 초반에 배치해 《7인의 사무라이》에 영향을 받아 만든 작품이라는 사실을 보여준다.

구로사와 아키라의 《7인의 사무라이》에는 산적들을 물리치는 선량한 사무라이가 등장했지만 《모노노케 히메》는 다르다. 하급 사무라이들을 수상하게 여긴 아시타카가 활을 쏘자 '거기 서라!'라는 외침과 함께 무려 갑옷을 입은 사무라이가 말을 타고 나타난다.

하지만 사무라이는 백성을 구하는 선한 존재가 아니다. 오히려 마을을 습격한 악의 무리와 하나가 되어 백성을 죽이는 존재로 묘사된다. 말끔한 행색의 사무라이 역시《7인의 사무라이》에서 마을을 습격한 산적의 위치까지 떨어진 것이다. 백성과 한편이던 사무라이의 포지션이 완전히 반대로 바뀌었다.《7인의 사무라이》와 명확하게 대비되는 장면이라고 할 수 있다.

타타라 마을은《기동전사 건담》의 지온 공국

《모노노케 히메》의 세상은 백성이 사무라이에게조차 보호받지 못하는 혹독한 환경이다. 그렇다면 그들은 어떻게 살아야 할까? 이 영화는 타타라 마을로 답을 제시하고 있다.

타타라 마을과《7인의 사무라이》의 마을은 백성들의 공동체라는 점은 같지만 전혀 다르다. 타타라 마을도《7인의 사무라이》의 농가와 마찬가지로 아사노 조정에 속한 사무라이나 지코 스님의 시쇼렌과 같은 외부 세력의 압박을 받는다. 만약《7인의 사무라이》였다면 외부의 사무라이를 고용했겠지만,《모노노케 히메》는 아니다.

타타라 마을은 독자적인 무력을 갖추고 있어 사무라이의 보호를 받을 필요가 없다. 물론 외부 세력의 지시에 따르지도 않는다. 타타라 마을은 이미 부락이 아니라 어엿한 독립 국가로 표현하는 편이 더욱 적절할 것이다. 비밀 병기인 화승총을 만들어 무장할 뿐만 아니라 제철 기술과 무기 판매를 바탕으로 외부와 권력의 균형을 유지하면서 주권을 지키고 있다.

이러한 모습은《기동전사 건담》의 지온 공국과도 비슷하다. 지온 공국도 모빌 슈트, 모빌 아머와 같은 새로운 장비의 힘으로 자신의 마을을 지킨다. 외부 세력의 힘을 빌려 자신들을 지킨《7인의 사무라이》의 마을과 다르게 이들은 한발 더 나아가 외부로부터 완전히 독립하고자 한다.《모노노케 히메》에 나오는 힘과 정치적 관계는 시대극의 공식인 권선징악과는 확연하게 구분된다.

미야자키 하야오는《모노노케 히메》제작을 위해 역사와 관련된 최신 연구 내용까지 공부했다고 한다. 이에 따라 일본이 천황이나 무가가 획일적으로 다스리던 하나의 국가가 아니라 크고 작은 나라들이 질서 없이 존재했던 곳이라는 역사적 사실을 정확하게 표현하고 있다.

고질라와 다이다라봇치

《7인의 사무라이》가 개봉할 당시 미야자키 하야오는 아직 10대였다. 그런 민감한 시기에 이 영화를 보고 감명받았으니 아마 그때부터 품기 시작한 깊은 존경심이 어느 순간 작품의 밑그림이 되지 않았을까.

사실 《7인의 사무라이》가 개봉한 1954년에는 영화 역사에 길이 남을 또 하나의 일본 영화가 개봉했다. 바로 《고질라 ゴジラ》다. 《7인의 사무라이》와 마찬가지로, 어쩌면 그 이상으로 전쟁의 기억을 녹여낸 영화다. 고질라가 원자폭탄의 메타포라는 사실을 모르는 사람은 없을 것이다. 《7인의 사무라이》가 시대극의 공식을 만들어 낸 것처럼 《고질라》는 '괴수 특촬물'이라는 일본의 영화 장르까지 탄생시켰다.

《모노노케 히메》와 《고질라》를 모두 본 사람은 무엇을 말하고자 하는지 이미 눈치챘을 것이다. 그렇다. 《모노노케 히메》의 다이다라봇치는 미야자키 하야오가 표현한 고질라다.

애초에 고질라는 왜 도쿄를 습격했을까? 이렇다 할 이유가 없다. 이는 고질라가 하늘이 내린 재앙, 즉 신을 나타내기 때문이다. 아주 오랜 옛날부터 내려온 전설에도 기록이 남아 있을 만큼 모두가 두려워하는 존재라는 설정이다.

재앙신(타타리가미), 시시가미, 다이다라봇치도 마찬가지다. 어디선가 강림한 신이 아무 이유 없이 벌인 일이기에 두려운 것이다. 문명의 이기로는 당해낼 재간이 없으니 인간은 그저 경원시하며 '제사를 지낼' 뿐이다.

하지만《모노노케 히메》에는 화승총이,《고질라》에는 옥시전 디스트로이어가 있다. 절대 문명에 지지 않고 자연을 말살하는 초병기, 즉 신을 살해하는 무기다. 이는 인간이 신을 죽이는 시대를 상징한다. 다시 말해 과학이 자연을 이기는 시대인 것이다.《모노노케 히메》와《고질라》는 문명과 신의 싸움이라는 점에서 이야기 구조가 같다.

《모노노케 히메》에 등장하는 신 중에서도 특히 다이다라봇치는 고질라와 설정이 매우 비슷하다. 등에 난 뿔과 핵반응을 떠오르게 하는 푸른색 불빛 등 생김새도 닮았다. 에보시 고젠이 쏜 화승총의 탄환을 맞고 시시가미가 거대한 다이다라봇치로 변신하는 것도 원자폭탄으로 인해 잠에서 깬 고질라와 같다. 마지막에 폭주 후 다이다라봇치의 몸이 소멸하는 것 역시 옥시전 디스트로이어로 인해 순식간에 백골로 변하는 고질라를 생각나게 한다.

다이다라봇치가 폭주할 때 몸이 붕괴하며 푸른 불빛을 뿜어내는 클라이맥스 장면의 묘사부터 핵폭발을 떠올리게 한다. 재미있는 것은 핵폭발을 상징하는 다이다라봇치가 죽어야 민둥산에 다시 나무와 풀이 자라나는 인과관계가 성립되어 있다는 점이다. 아시타카의 마지막 대사처럼 시시가미, 즉 다이다라봇치는 삶이자 동시에 죽음이다. 시시가미는 자연을, 다이다라봇치는 문명의 폭주를 상징한다. 이는 자연은 인간을 살릴 수도, 죽일 수도 있다는 뜻일까? 문명의 폭주는 인간을 발전시키기도 하며 동시에 죽이기도 한다는 뜻일까?

미야자키 하야오는 《7인의 사무라이》를 무너뜨리고 발전시켜 복잡한 《모노노케 히메》의 사회를 만들어 냈다. 그렇게 《고질라》를 재해석해서 자신이 품고 있던 '자연과 문명의 올바른 균형은 무엇일까?'라는 질문을 향해 나아갔을지도 모른다. 물론 정답은 없겠지만 말이다.

감독들의 신경전

폭발로 인해 파괴와 창조가 일어나는 《모노노케 히메》의 마지막 장면은 1988년에 개봉한 오토모 가쓰히로의 SF 애니메이션 《AKIRA》와 비슷하다. 작업량을 감당하지 못해 지브리 스태프들의 손을 빌렸다는 사실로도 알려진 《AKIRA》는 지금도 완성도나 독창적인 세계관으로 언급되는 전설의 명작이다. 지브리 애니메이션과 함께 해외에서 일본 애니메이션의 평가를 높인 작품이기도 하다.

SF라면 사족을 못 쓰는 미야자키 하야오가 심지어 지브리도 참여한 《AKIRA》를 보지 않았을 리가 없다. 이에 대항하고자 훨씬 묘사하기 어려운 다이다라봇치의 붕괴 장면을 아름답기까지 한 폭발 장면으로 연출하지 않았을까 싶다.

미야자키 하야오의 존경과 대항심은 어렸을 적 동경의 대상뿐 아니라 동시대의 천재들에게도 향해 있다. 『영화란 무엇인가』에서 그의 마음을 엿볼 수 있다.

> ─구로사와 감독이 '미야자키 씨의 작품은 《붉은 돼지》를 제외하고는 전부 봤다. 특히 고양이 버스는 굉장했다.'라고 언급하셨는데요.

미야자키: 저는 곧이곧대로 믿지 않습니다. 감독이라는 직업은 공개적으로 다른 사람의 작품을 평가하는 일이 거의 없으니까요. 원래 감독들은 다른 사람의 영화나 사진에 대해 비판하다 보면 시간이 가는 줄 모르거든요. 그래서 다른 영화에 대해 어떻게 생각하는지 질문을 받았을 때, 같은 시대를 살고 있다면 한마디도 못 할 거예요. 직접 얼굴을 맞댈 일이 없다면 할 말이 많겠지만요.

같은 시대를 사는 사람에게 한마디도 할 수 없다면 어떻게 해야 할까. 작품을 통해 비판해야 한다. 그 사람의 작품을 뛰어넘는 작품을 만들면 된다. 미야자키 하야오는 《바람계곡의 나우시카》부터 《천공의 성 라퓨타》, 《이웃집 토토로》, 《모노노케 히메》까지 항상 가상의 라이벌을 염두에 두고 작품을 만들었다.

《모노노케 히메》에서는 구로사와 아키라와 더불어 데즈카 오사무의 영향도 느껴진다. 미야자키 하야오가 영향을 받으면서도 끊임없이 반발했던 또 한 명의 거장이다. 데즈카

오사무의 《불새火の鳥》에서 묘사된 조몬인繩文人(기원전 15세기 ~3세기에 일본 열도에서 살던 원주민의 총칭. 이 시대를 가리켜 조몬 시대라고 부른다.—옮긴이)과 야요이인弥生人(기원전 3세기~기원후 3세기 중반에 일본 열도에서 살던 사람들로 토착민이 아닌 한반도 등에서 건너간 도래인으로 추정된다. 이 시대를 가리켜 야요이 시대라고 부른다.—옮긴이)의 싸움, 외래 종교인 불교와 신토 신들의 전쟁, 생명의 상징인 불새를 받드는 인간의 모습 등 일부 주제가 《모노노케 히메》에 계승되고 있다.

《바람계곡의 나우시카》와 닮은 《모노노케 히메》

미야자키 하야오가 《모노노케 히메》에서 가장 쓰러뜨리고 싶었던 가상의 라이벌은 앞서 언급된 수많은 거장들이 아닌 바로 과거의 자신이지 않았을까.

《바람계곡의 나우시카》와 《모노노케 히메》는 비슷한 점이 많다. 도입부를 예로 들어보자. 이 책의 제1장에서도 언급했듯 《바람계곡의 나우시카》의 도입부에는 풍경을 보여주면서 그 세계의 역사를 서술하는 자막이 나온다. 《모노노케 히메》 역시 갑자기 짙은 안개가 낀 숲과 함께 '오래전, 이 나라는 깊은 숲으로 둘러싸여 있었고 태곳적 신들이 살고 있었다.'라는 자막으로 시작한다. 《바람계곡의 나우시카》와 《모노노케 히메》는 모두 인간과 자연의 균형, 질서와 붕괴를 주제로 다루고 있다. 다시 말해 자막으로 시작하는 방식이 같으며 그 내용도 비슷하다.

참고로 미야자키 하야오의 애니메이션 작품 중 도입부에 풍경을 보여주면서 역사를 설명하는 자막을 넣은 것은 이 두 작품뿐이다. 다른 작품에서는 지막이 나오지 않는다. 이는 곧 《바람계곡의 나우시카》와 《모노노케 히메》는 관객들이 알아차리기 쉽도록 의도적으로 비슷하게 만들었다고 할 수 있다.

두 작품은 모두 자막으로 설명한 '숲으로 둘러싸인 세계'에서 사건이 일어나면서 시작한다. 이 숲에서 《바람계곡의 나우시카》는 오무가, 《모노노케 히메》는 재앙신이 갑자기 등장한다. 그것도 똑같은 정면 구도로 말이다. 자막과 구도가 우연히 겹친 게 아니라 똑같이 반복하려는 명백한 의도가 보이는 연출이다.

그 밖에도 《바람계곡의 나우시카》 중반부에는 아버지인 지루의 죽음을 목격한 나우시카가 이성을 잃고 토르메키아 병사를 일방적으로 학살하는데, 유파가 이를 말리기 위해 개입하는 장면이 나온다. 마찬가지로 《모노노케 히메》에서도 산과 에보시 고젠이 진심으로 서로를 죽이려 해서 아시타카가 중재한다.

더 나아가 《바람계곡의 나우시카》에서는 부해에서 오무 무리가 몰려오고 《모노노케 히메》에서는 숲속 깊은 곳에서 멧돼지 일족이 몰려온다. 이처럼 영화 마지막에 '폭주하는 괴물'이 등장한다.

자연과 소통하는 소녀인 산과 나우시카, 도중에 한쪽 팔을 잃은 에보시 고젠과 한쪽 팔이 의수인 크샤나, 떠돌이 용사인 아시타카와 유파, 인간을 습격하는 재앙신과 오무, 거대 괴물인 다이다라봇치와 거신병. 《바람계곡의 나우시카》에 등장하는 캐릭터는 대부분 《모노노케 히메》의 캐릭터에 그대로 대입할 수 있다.

스토리 전개도 마찬가지로 닮은 점이 많다. 인간과 자연이 대립하는 세계에서 자연과 공존하려는 사람도 있지만, 자연을 무너뜨리려는 집단이 나타난다. 그러자 이에 반격하듯 자연도 인간이 감당할 수 없는 괴물을 만들어 낸다. 모두가 이제 끝이라고 생각한 순간, 주인공이 간절히 기원하자 자연이 용서한다. 크샤나와 에보시 고젠처럼 자연과 대립하던 집단의 수장도 결국 감화되며 이야기는 끝이 난다. 스토리 구조가 거의 완벽하게 일치한다.

타이틀백에 등장하는 그림의 정체

《바람계곡의 나우시카》와 《모노노케 히메》는 공통점이 많지만, 그 안에 담긴 의도는 조금 다르다. 미야자키 하야오는 《바람계곡의 나우시카》의 반복과 변형을 통해 무슨 말을 하고 싶었을까.

우선 주인공의 위치가 다르다. 사실 《모노노케 히메》의 주인공은 산이 아니라 아시타카다. 《바람계곡의 나우시카》는 유파가 아닌 나우시카가 주인공이었다는 점에서 차이가 있다. 《모노노케 히메》의 원래 제목이 '아시타카 전기(여기서 전기轉記는 미야자키 하야오가 만들어 낸 단어로 전설이라는 뜻이다.)'였다는 사실이 이를 뒷받침한다. 《모노노케 히메》라는 제목은 스즈키 도시오가 메시지를 조금 더 간결하게 전달하고 싶어서 지은 제목이다.

타이틀백(드라마나 영화 등의 시작 부분에 나오는 제목, 배역, 스태프에 관한 자막의 배경이 되는 화면.-옮긴이)의 연출을 보면 아시타카가 주인공이라는 사실이 명확하게 드러난다. 《바람계곡의 나우시카》의 제목 뒤로 나우시카의 전설이 수놓인 태피스트리가 보이는 것처럼 《모노노케 히메》에서도 아시타카의 전설을 그림으로 보여준다. 《모노노케 히메》의 타이틀백에 나오는 그림은 '머리에 여러 개의 뿔이 달린 외눈박이 괴물'을 조몬 시대의 문양으로 나타낸 것으로 보인다.

이 부분은 약간의 해설이 필요하다. 아시타카가 속한 에미시 일족은 조몬인의 후예로 보이는데, 집 안에 조몬 토기가 있고 일족의 장로인 히이가 토우를 향해 앉아 있다. 벼농사 문화와 불교적 세계관을 바탕으로 번성한 야요이인과는 전혀 다르다. 그보다 더 원시적인 생활과 신앙을 엿볼 수 있다. 타이틀백에 등장하는 조몬 시대의 문양은 에미시 일족이 남긴 전설의 내용일 것이다.

외눈박이는 제철과도 깊은 관련이 있다. 『도노 모노가타리遠野物語』라는 책으로 유명한 민속학자 야나기타 구니오가 산신과 관련이 있다고 언급하기도 한 외눈박이는 옛날부터 산에서 모습을 드러내던 요괴다. 더 나아가 철을 만들 때 한쪽 눈으로 뜨거운 용광로를 계속 바라보며 작업해서 실명한 기술자의 모습과 비슷하다는 주장도 있다. 산에 살며 철을 만드는 타타라 마을 주민들을 생각하면 외눈박이가 타타라 마을을 상징한다는 것은 상당히 설득력이 있는 말이다. 또한 여러 개의 뿔은 시시가미를 묘사하고 있다고 해석할 수 있다.

이러한 점을 종합해 보면, 타이틀백에 나오는 그림은 후대의 사람들이 묘사한 아시타카의 전설로 보인다. 조몬인인 아시타카가 시시가미의 목을 돌려주며, 《모노노케 히메》의 이야기가 끝난 뒤에는 타타라 마을에서 살아가게 된다. 그러니 흙에 그려진 그림은 아시타카를 가리킨다고밖에 설명할 수 없다.

《바람계곡의 나우시카》에서 타이틀백이 끝난 뒤 나우시카가 먼저 등장한 것처럼 《모노노케 히메》도 타이틀백 이후 야쿠르를 타고 숲을 달리는 아시타카의 모습으로 장면이 전환된다. 이야기도 아시타카의 시점으로 진행된다. 《모노노케 히메》라는 제목 때문에 착각하기 쉽지만, 주인공이 아시타카라는 사실을 확실히 알려주고 있다.

《바람계곡의 나우시카》를 뛰어넘은 리얼리티

《바람계곡의 나우시카》와 《모노노케 히메》의 가장 큰 차이는 나우시카와 같은 위치인 산이 아니라 아시타카를 주인공으로 설정했다는 점이다. 제1장에서 언급했다시피 《바람계곡의 나우시카》는 하이 판타지다. 이에 반해 《모노노케 히메》는 판타지 요소가 많이 포함되어 있지만 일본의 역사를 기반으로 하고 있다. 미야자키 하야오의 주특기인 판타지 묘사를 의도적으로 줄인 것이다. 주인공도 본인이 자신 있게 표현하는 활달한 소녀가 아니라 여성과 마음을 나누고 싶어 하는 남성으로 설정했다.

《모노노케 히메》는 미야자키가 자신 있는 부분을 의도적으로 줄임으로써 현실성을 더했다. 또한 《바람계곡의 나우시카》에서는 찾아볼 수 없는 유형인 모로와 지코 스님 등 제3의 세력도 많이 등장한다. 이를 통해 《바람계곡의 나우시카》보다 한층 더 깊은 철학이 느껴지도록 했다. 완성도만 놓고 본다면 미야자키 하야오의 집대성이라는 평가를 받는 것도 이해가 된다. 미야자키 하야오만의 비행 장면을 보지 못해서 아쉽기는 하지만 말이다.

어쨌든 《모노노케 히메》는 《바람계곡의 나우시카》의 설욕에 성공한 잘 만들어진 작품이다. 그렇다면 애초에 미야자키 하야오는 어째서 《바람계곡의 나우시카》의 설욕을 다짐했을까?

바람계곡에서 타타라 마을로, 13년의 여정

《바람계곡의 나우시카》는 《마녀 배달부 키키》가 대성공을 거두기 전까지 미야자키 하야오의 유일한 히트작으로 기록되었다. 자연환경을 주제로 다뤘기 때문에 아직까지도 평가가 높아 미야자키 하야오의 대표작으로 거론된다. 말 그대로 성공작이라는 표현이 어울리는 작품이다.

하지만 《바람계곡의 나우시카》를 비판했던 사람이 있다. 다름 아닌 다카하타 이사오다. 영화가 개봉했을 당시 특별호 『낭만 앨범 바람계곡의 나우시카ロマンアルバム 風の谷のナウシカ』 인터뷰에 실린 그의 발언을 살펴보자.

"프로듀서로서는 100점이지만, 미야자키 씨의 친구로서 평가하자면 30점입니다. (중략) 제작 발표에서 밝힌 바와 같이 프로듀서의 자리를 받아들인 뒤 저는 '거대 산

업 문명이 붕괴하고 1000년 후의 미래로부터 현재를 조
명하고 싶다'라고 생각했습니다. 하지만 영화가 제가 생
각한 대로 만들어졌다고 보기는 어렵죠. (중략) '현재를
조명한다'라는 부분이 조금 더 강조되었으면 좋았을 텐
데 아쉽습니다."

스승이자 친구이며, 라이벌이기도 한 다카하타 이사오의
평가에 본인도 아쉽다고 여겼던 것 같다. 미야자키 하야오는
《바람계곡의 나우시카》가 개봉하고 나서 10년 동안 꾸준히
작업해 동명의 만화를 완결했다. 만화 『바람계곡의 나우시
카』는 영화의 명쾌한 결말과는 달리 등장한 세력이 늘어났
다. 문명과 자연 중 어느 쪽을 비판하는 건지 헷갈릴 정도로
선악이나 가치관이 모두 뒤얽히며 이야기가 복잡하게 전개
된다.

이러한 혼란은 현대 사회의 모습이기도 하다. 미야자키
하야오는 모험 판타지와 권선징악으로 도망치지 않고 『바람
계곡의 나우시카』를 완결함으로써 다카하타 이사오에게 인
정받고 싶었을지도 모른다.

구로사와 아키라와의 대담은 1993년이고, 『바람계곡의

나우시카』의 완결은 1994년이다. 이 두 사건을 배경으로《모노케 히메》가 만들어진 것으로 보인다. 다카하타 이사오에게 다른 세계를 통해 오늘날의 모습을 묘사하지 못했다는 비판을 받은 미야자키 하야오는 이번에는 미래가 아닌 과거를 무대로 현재를 묘사했다. 그리고《모노케 히메》에서 오늘날의 정서에 걸맞는 선과 악, 반자연反自然과 반문명半文明 (문명화가 덜 되었거나 되지 않은 것을 말한다.—옮긴이)이 하나가 된 철학을 표현했다. 그 결의와 성장을 나타내기 위해《바람계곡의 나우시카》와 비슷하면서도 다르게 묘사한 것이다.

'바람계곡의 나우시카로부터 13년'이라는 이 짧은 홍보 문구에는 엄청난 의미가 함축되어 있다.

제7장

스튜디오 지브리와
은하철도

2001년

《센과 치히로의 행방불명》

千せんと千ち尋ひろの神かみ隠かくし / Spirited Away

신과 요괴들이 지친 몸을 이끌고 피로를 풀러 오는 온천 마을. 치히로와 그녀의 가족은 그곳에 들어가게 된다. 인간을 거부하는 이 마을에서, 치히로는 빼앗긴 이름 대신 '센'이라는 새로운 이름을 부여받고 거대한 온천장의 허드렛일을 돕는다. 상식 잃은 '하쿠'라는 청년을 구하기 위해, 그리고 돼지로 변한 부모님을 구하기 위해 집쟁이었던 치히로는 신비한 체험을 하며 성장해 나간다.

잘 몰라도 재미있는 이유

미야자키 하야오는《마녀 배달부 키키》,《붉은 돼지》,《모
노노케 히메》까지 연달아 작품을 흥행시킨다. 그 후 2001년
에 지브리 역사상 최대 히트작인《센과 치히로의 행방불명》
을 세상에 발표하게 된다.

이 영화의 흥행 수익은 최근 재상영으로 거둔 수익까지
포함해 316억 8,000만 엔(약 3,170억 원)이다. 2020년에 극장판
《귀멸의 칼날 무한열차 편鬼滅の刃 無限列車編》이 개봉하기 전까
지, 20년 가까이 일본 국내에서 개봉한 영화 중 역대 흥행 수
익 1위를 지켜온 역사적인 히트작이다.

지브리 역사에서도 최대 인기작이었던《센과 치히로의
행방불명》은《붉은 돼지》와 마찬가지로 미야자키 하야오의

자전적인 요소가 들어간 작품이다. 뒤에 설명하겠지만, 이 작품에서 그는 하고 싶었던 것을 실현했고 주변 환경까지도 모두 작품에 녹여냈다. 미야자키 하야오에 의한, 미야자키 하야오를 위한, 미야자키 하야오의 영화라는 표현이 딱 들어맞는 작품이다.

개인적으로 《센과 치히로의 행방불명》은 좋아하지 않는 지브리 작품 중 하나다. 나는 이야기 구조의 붕괴에 관대한 편이지만, 이 작품에는 수수께끼나 모순이 너무 많다. 미야자키 하야오는 각본가가 아니라 어디까지나 감독이라는 사실을 이 작품을 통해 느꼈다.

하지만 지브리가 2016년에 《붉은 거북La tortue rouge》 홍보 차원에서 실시한 인기 투표, '스튜디오 지브리 총선거'에서 최다 득표수를 얻은 작품이 바로 《센과 치히로의 행방불명》이었다. 지금도 이렇게나 팬층이 두텁다니, 역시 300억 엔(약 3,000억 원)이 넘은 흥행 수익은 그냥 얻어지는 게 아닌가 보다.

나 또한 이 작품을 좋아하지는 않지만, 굳이 따지자면 꽤 재미있는 영화라고 생각한다. 미야자키 하야오는 하고 싶었던 것이나 실현하고 싶었던 것을 이 작품을 통해 형식에 구애받지 않고 잘 담아냈다. 또한, 전반적으로 수수께끼도 많이 내포된 작품이다. 이러한 복잡한 요소들 덕분에 깊이가 더해질 수 있었고, 분석과 고찰을 하는 입장에서 큰 보람을 느끼게 해주는 작품이 되었다.

그렇다면 미야자키 하야오는 《센과 치히로의 행방불명》에서 무엇을 그리고자 했을까? 그 결과 어떠한 수수께끼가 탄생했을까. 자세히 알아보도록 하자.

온천장=피콜로 정비소=스튜디오 지브리

우선 《센과 치히로의 행방불명》에 대해서 먼저 알아보고 그다음으로 개봉 당시부터 소문으로 떠돌던 이야기이자, 평론가 사이에서는 정설로 여겨졌던 유명한 속설을 떠올려 보자.

이 속설은 바로 '여성이 욕탕에서 접대하는 유바바의 온천장은 풍속점(일본에서 성인 업소를 뜻하는 은어.-옮긴이)을 묘사하고 있다'는 내용을 담고 있다. 그러나 나는 이 속설을 부정하는 쪽이다. 미야자키 하야오 본인이 전혀 다른 의견을 내놓았기 때문이다. 개봉 전에 발행한 특별호, 『센과 치히로의 행방불명 치히로의 대모험千と千尋の神隠し 千尋の大冒険』에 실린 미야자키 하야오의 인터뷰를 인용하겠다.

스태프들에게 자신이 열한 살쯤, 아니 고등학교를 졸업할 나이인 열여덟, 열아홉 살 때 갑자기 지브리에 취직해야 하는 상황이라 생각해 보라고 했습니다. 저는 지브리를 '작은 스튜디오'라고 이야기했지만, 그곳은 영화 속 온천장처럼 복잡하죠. 스즈키 도시오 프로듀서는 큰 소리를 내며, 저 또한 정신 차리라고 고함을 지릅니다. 여기는 그런 곳이에요. 이때, 무슨 일이 있어도 일해야 하는 아이가 나타나 겪을 험난한 일들을 현실적으로 떠올리자 이야기를 완성할 수 있었습니다.

아주 흥미로운 발언이다. 이는 곧 미야자키 하야오는 풍속점이 아니라 스튜디오 지브리라는 회사 그 자체를 무대 삼아 이야기를 그리고 싶다고 생각하다가, '온천장'이라는 설정이 떠올랐다고 말한 것이다. 만약 온천장이 지브리를 묘사한 곳이라면 종업원 모두가 여성인 것도 이해는 간다. 지브리를 비롯해 일반적으로 애니메이션 제작사에는 여성 직원의 수가 더 많기 때문이다.

《붉은 돼지》와《센과 치히로의 행방불명》이 자전적인 이야기에 가깝다고 규정하는 이유도 여기에 있다.《붉은 돼지》

는 피콜로 정비소에서 여성들이 포르코의 비행정을 수리하는 인상적인 장면이 나오는데, 사실 여기에도 당시 지브리의 제작 현장이 반영되어 있다.

『지브리의 천재들』에서 스즈키 도시오는 《붉은 돼지》를 이렇게 회상했다.

> 포르코의 비행정을 수리하는 피콜로 정비소의 정비사들은 피오를 비롯해 모두 여성이었는데, 그 장면에는 스튜디오 지브리의 모습이 투영되어 있다.

《붉은 돼지》의 일부에서 사용했던 자전적 연출을 영화 전체에 적용해 보자. 나는 《센과 치히로의 행방불명》이 이러한 생각에서 시작되었다고 본다.

온천장에 신들이 찾아오고, 그들이 여성 종업원의 도움으로 피로를 푼다는 설정은 풍속점에 대한 묘사로 보는 것이 정설이기는 하다. 하지만 사실 '피곤한 일상에서 흥분과 감동을 원하는 관객이 지브리 영화를 보러 온다'는 모습이 투영된 메타픽션적 연출(창작자가 픽션을 실제가 아니라 허구로 볼 수 있도록 환기시키는 방식의 연출을 말한다.-옮긴이)로 보이기도 한다.

유바바의 모델이 된 스즈키 도시오

지금까지 확인한 바와 같이 온천장을 운영하는 유바바는 큰 목소리를 내는 지브리의 프로듀서와 같다. 미야자키 하야오는 인터뷰 모음집 『바람이 돌아오는 장소風の帰る場所』에서 이렇게 말하고 있다.

> 유바바에게는 유바바만의 이야기라고 해야 할까, 어른의 생활이 있으니까요. 밤마다 무얼 하는지는 모르겠는데 우리 프로듀서도 자꾸 나가더군요. 뭔가 힘든 일을 한 모양인지 엄청 피곤에 절어서 돌아오기도 하고(웃음).

미야자키 하야오가 유바바를 통해 표현하고자 했던 프로듀서의 모습이란 무엇이었을까? 인터뷰에서도 느껴지듯 바쁜 스즈키 도시오에 대한 동정만은 아니었을 것이다.

나는 당시 황금만능주의에 물들어 가는 스즈키 도시오에 대한 비판적 의식도 들어가 있다고 본다. 그도 그럴 것이《센과 치히로의 행방불명》을 제작 중이던 1999년에 다카하타 이사오가 감독을 맡은《이웃집 야마다 군》이 개봉하는 일이 있었다. 이 작품은 오랜만에 스튜디오 지브리에게 흥행 참패라는 성적을 안겨주면서, 지브리의 경영 상태가 악화되었다.

당연히 프로듀서였던 스즈키 도시오는 다음 작품을 반드시 흥행시켜야 한다는 생각에 기를 썼을 테고, 이것이 차기작을 기획하던 미야자키 하야오에게 큰 영향을 줬을 것이다. 《모노노케 히메》로 흥행에 성공한 미야자키 하야오니까, 실패해서는 안 된다고 말이다.

하지만 미야자키 하야오는 수익이나 흥행 성공에 일절 흥미가 없는 사람이다. 그런 그의 성격상 상업적 관점을 중시하는 스즈키 도시오가 점점 악역처럼 보이기 시작해도 이상하지 않다.

즉, 미야자키 하야오는 이런 메시지를 전달하고 싶었을지도 모른다. "관객은 신이다. 그러한 신의 기분을 달래줄 재미있는 애니메이션을 유바바의 지시에 따라 계속 바쁘게 만들어 내야 한다. 그게 바로 우리의 일이다! 지루한 작업을 계속하다 보면 치히로가 이름을 빼앗긴 것처럼 엔딩 크레디트에도 이름이 남지 않을 수 있다. 우리가 온천장과 뭐가 다르냐 말이다!"

프로듀서의 황금만능주의, 직원에게 보이는 리더의 모습과 별개로 외부에 보이는 또 다른 얼굴. 이러한 사실에 반응

하듯 또 하나의 유바바라고 할 수 있는 제니바가 등장한다는 점은 꽤 흥미롭다. 제니바의 이름에 '돈 전銭'자를 사용한 것도 프로듀서의 황금만능주의를 표현하기 위한 장치였는지도 모른다.

《은하철도의 밤》과 《센과 치히로의 행방불명》

프로듀서의 뜻대로 만들었다고는 하나, 미야자키 하야오의 자유로운 연출은 '온천장=스튜디오 지브리'라는 공식에만 머무르지 않는다. 온천장을 중심으로 진행되던 이야기는 후반으로 접어들면서 기차 여행으로 확장된다.

미야자키 하야오는 또 다른 인터뷰 모음집 『지브리의 숲과 포뇨의 바다ジブリの森とポニョの海』에서 다음과 같이 말한다.

센이 기차를 타는 장면이 있습니다. 기차가 등장하는 이유는 그냥 기차 안에서 잠드는 모습을 넣고 싶었기 때문이에요. (중략) 이는 제가 《은하철도의 밤銀河鉄道の夜》을 보고 느꼈던 감상이기도 합니다. 어떻게든 넣어 보려고 스토리보드를 살폈지만, 들어갈 만한 부분이 전혀 없었

어요. (중략) 결국, 제가 가장 넣고 싶었던 장면은 뺐습니다. 그 부분을 넣기 위해 만들었지만 가장 표현하고 싶었던 내용은 빠질 수밖에 없었죠.

이 내용에 따르면 기차가 바다 위를 달리는 장면은《은하철도의 밤》을 의식한 것이 틀림없다. 다만, 완성된 영화에는《은하철도의 밤》을 참고하면서까지 넣고 싶었던 기차 안 장면이 결국 삭제되고 말았다. 미야자키 하야오의 밀처럼 영화의 전체적인 흐름과 맞지 않았기 때문이다. 하지만 기차 시퀀스는 그대로 남겨두었으니 결론적으로는 맥락을 파악할 수 없게 되어버렸다. 진지하다고 해야 할지, 자유롭다고 해야 할지. 잘 모르겠다.

어쨌든 미야자키 하야오가 처음부터《은하철도의 밤》을 염두에 두었을 거라는 생각이 들 정도로 두 작품에는 구조적인 공통점이 있다.《은하철도의 밤》은 이야기 자체가 무척 난해하지만, 나름대로 그 내용을 정리해 보았다.

고기를 잡으러 갔다가 그대로 돌아오지 않는 아버지. 이로 인해 친구들로부터 따돌림을 당하는 가난하고 고독한 소년, 조반니. 그는 밤낮없이 일하는 탓에 공부할 수도, 놀 수도 없어 친구들 사이를 겉돌 뿐이다. 그러던 어느 날, 은하수 축제가 있던 날 밤에 친구인 캄파넬라와 함께 은하철도에 올라 여행을 떠난다. 그곳에서 조반니는 다양한 사람과 만나며 삶의 의미를 발견해 나간다. 이윽고 캄파넬라가 사라지고, 조반니는 꿈에서 깬다. 조반니는 캄파넬라가 자신의 목숨을 희생해 반 친구인 자넬리를 구했다는 소식을 듣게 되는데, 동시에 곧 아버지가 돌아온다는 소식을 듣고 용기를 얻게 된다.

《은하철도의 밤》은 《센과 치히로의 행방불명》과 많이 닮았다. 《센과 치히로의 행방불명》 초반, 치히로는 멍하니 의욕도 활력도 없는 상태였다. 그러나 신비한 세계를 헤매다 하쿠를 구하기 위한 행동에 나서며 점차 용감한 사람으로 성장해 나갔다. 언뜻 보기에는 알아차리기 어렵지만, 미야자키 하야오는 마치 의도라도 한 듯 《센과 치히로의 행방불명》에 《은하철도의 밤》을 녹여냄으로써, 치히로가 조반니라는 해석을 가능하게 했다.

《은하철도의 밤》과 〈그날의 강에서〉

여기서 〈언제나 몇 번이라도〉로 주제곡이 정해지기 전까지, 유력한 후보였던 〈그날의 강에서〉라는 몽환적인 곡의 가사를 소개한다. 미야자키 하야오 본인이 작사했다고 한다.

햇살이 비추는 뒷마당에서 잊힌 나무 문을 빠져나와
산울타리 그림자가 드리운 길을 걸어가
맞은 편에서 달려오던 어린 시절의 내가
흠뻑 젖은 꼴로 울며 지나가고
모래밭의 발자국을 따라 앞으로, 앞으로
지금은 사라져 버린 강까지

폐허 사이에서 흔들리던 수초,
저 작은 강에서 너와 내가 만났어
천천히 떠내려가던 내 신발은
작은 소용돌이 속으로 사라졌지
내 마음을 뒤덮었던 티끌들이 사라지고
눈을 가리던 구름이 사라져
손끝을 스치는 공기

발 아래로 느껴지는 지면의 움직임

누군가를 위해서 사는 나

나를 위해 살아주었던 누군가

나는 그날, 강으로 갔지

나는 너의 강으로 간 거야

하쿠는 극 중 등장하는 '코하쿠 강'이라는 강의 신이다. 치히로가 훨씬 어렸을 때 하쿠가 강에 빠진 치히로를 구해줬지만, 두 사람 모두 잊어버리고 있었다는 사실이 영화 후반부에 나온다. 이 곡에는 그러한 두 사람의 추억이 담겨있다.

이 또한 《은하철도의 밤》에 등장하는 스토리와 이어진다. 강에서 일어난 사고를 기점으로 이야기가 시작된다는 점, 하쿠가 치히로를 구한 것처럼 캄파넬라가 자넬리를 구한다는 점, 캄파넬라가 조반니를 이끌었듯 하쿠는 치히로를 이끈다는 점. 이러한 점으로 미루어 봤을 때 하쿠는 캄파넬라에 해당하는 캐릭터로 표현되었다는 생각이 든다.

캄파넬라와 하쿠의 죽음

《은하철도의 밤》에서 자넬리를 구한 캄파넬라는 죽음을 맞이한다. 그렇다면 하쿠는 어떻게 되었을까? 극 중에서 하쿠의 죽음은 묘사되지 않았다고 생각할 수도 있다. 그러나 나는 하쿠가 치히로의 죽은 오빠라고 생각한다. 자신의 이름조차 기억하지 못하는 하쿠가 치히로를 어렸을 때부터 알고 있었던 이유는 그가 치히로의 죽은 오빠이기 때문이다.

그리고 그날, 치히로는 강에 신발을 빠뜨린 게 아니라 본인이 강물에 빠진다. 오빠인 하쿠는 강으로 뛰어들어 치히로를 구하지만 안타깝게도 자신은 강물에 휩쓸려 죽고 만 것이다. 나는 하쿠가 그렇게 죽은 것으로 본다. 그리고 다른 사람을 위해 목숨을 바쳤으므로 코하쿠 강의 신이 될 수 있었다.

하쿠의 정체를 '치히로의 죽은 오빠'라고 생각하면 다른 수수께끼도 대부분 해결된다. 부모님에 관한 수수께끼가 대표적이다. 치히로의 어머니가 자기 딸을 대하는 태도는 어딘가 모르게 쌀쌀맞다. 터널 너머의 신비한 세계로 들어온 치히로 가족이 위험한 암석 지대를 걷는 장면에서도 그렇다. 어머니는 아버지의 품에 안기기도 하지만, 치히로에게는 재촉만 할 뿐이다. 살가운 말투도 아니다.

어째서일까? 치히로 대신 아들이 목숨을 희생했기 때문이다. 물론, 어머니도 장남인 하쿠가 치히로 때문에 죽은 건 아니라고 알고 있지만, 은연중에 치히로를 차갑게 대하고 만다.

또한, 극 중에서 하쿠는 '코하쿠 강의 신'으로 설정된 인물인데 만일 하쿠가 신이라면 첫 등장 때 치히로의 눈에 보일 리가 없다. 《센과 치히로의 행방불명》에 나오는 신들은 기본적으로 밤에만 나타나기 때문이다. 그들은 인간에게는 보이지 않고, 밤이 되어서야 술집이나 온천장 같은 상점가에 겨우 모습을 드러낸다.

즉, 하쿠는 완전한 신이 아니다. 정확히는 코하쿠 강의 신이 되는 중이다. 이는 하쿠가 예전에 신이 아니었다는 뜻이기도 하다. 원래 인간이었다가 죽은 뒤 신이 되는 중이라는 설명에 대입해 보면 이해할 수 있다.

미야자키 하야오가 반복하는 '삶'의 테마

여기까지 보면 《은하철도의 밤》과 《센과 치히로의 행방불명》에는 공통된 주제가 있다는 것을 알 수 있다. 바로 '나는 누군가의 도움으로 살고 있으니, 나도 누군가를 위해 살아야겠다'는 점이다.

《은하철도의 밤》에서는 캄파넬라가 죽고 난 뒤 조반니는 삶의 의미를 찾는다.《센과 치히로의 행방불명》에서는 하쿠의 죽음으로 인해 치히로는 살아갈 수 있게 되었다. 이러한 이야기에 숨겨진 주제를 〈그날의 강에서〉는 '누군가를 위해서 사는 나, 나를 위해 살아주었던 누군가'라고 이야기한다. 참고로《바람계곡의 나우시카》,《모노노케 히메》,《바람이 분다》와두 일맥상통하는 이 '삶'이라는 주제는 미야자키 하야오가 평생 다뤄온 주제다.

어쩌면《센과 치히로의 행방불명》은 미야자키 하야오가 그린 '감사'의 이야기일지도 모른다. 스튜디오 지브리의 등장, 사람에 의해 사람이 살아가는 모습. 그런 것들을 통해 관객과 회사 동료들에게 인사를 전하고, 덕분에 마음대로 창작 활동을 펼칠 수 있었다는 감사의 인사를 담은 것이리라.

아무도 모르는 마지막 장면

끝으로 영화의 마지막 장면에 대해 다뤄보기로 하자. 사실《센과 치히로의 행방불명》은 엔딩이 무척 신기한 영화다.

하쿠와 헤어져 현실 세계로 돌아간다는 감동적인 결말을 맞은 영화는 주제곡과 함께 아름다운 경치들을 배경으로 엔딩 크레디트를 올린다.

그런데, 이 엔딩의 마지막에 이상한 그림이 나온다는 사실을 아는 사람이 얼마나 될까? '끝'이라는 자막과 함께 물살에 떠내려가는 신발이 그려진 그림 말이다. 그러나 원래 그림 콘티 속 엔딩은 이 장면이 아니라, 꽃다발 속에 '치히로, 건강하게 지내'라고 적힌 메시지 카드가 나오며 끝날 예정이었다.

이는 첫 번째 장면과 구성이 같다. 다만 '치히로, 건강하게 지내. 또 만나자'라고 적힌 초반부와 달리 마지막 그림 콘티에는 '치히로, 건강하게 지내'라는 말만 적혀 있을 뿐, '또 만나자'라는 글귀는 삭제되어 있다.

단순한 우연이라고 치부하기에는 그림 콘티에서 확실하게 구분하고 있음을 확인할 수 있다. 정말이지 미야자키 하야오가 영화를 만드는 방식은 마지막의 마지막까지 긴장의 끈을 놓을 수 없다.

첫 번째 장면에 나오는 메시지 카드는 친구가 보낸 인사지만, 마지막 장면의 카드는 하쿠, 유바바와 같은 온천장 사람들이 보낸 인사라는 점이 다르기 때문이다. 마지막에 터널을 빠져나가면서 신비한 세계에서의 기억이 모두 사라진 탓에 누구로부터 받은 카드인지, 치히로는 알 수 없다. 결론만 놓고 보면 치히로는 이제 하쿠, 유바바, 온천장 사람들과 만나지 않을 것이다. 그러니 '또 만나자'라는 말은 삭제되고 '치히로 건강하게 지내'라는 인사말만 적혀 있는 것이라 추측할 수 있다.

만약에 그림 콘티대로 결말을 맺이했다면 무척 감동적이었으리라. 첫 번째 장면과 마지막 장면이 딱 들어맞아 구조적으로도 아름다운 영화가 되었을 것이다. 하지만 미야자키 하야오는 그림 콘티대로 영화를 마무리하지 않았다. 마지막까지 《은하철도의 밤》이 머릿속을 떠나지 않았기 때문이다. 마지막 장면으로 물살에 떠내려가는 신발을 보여주면서 '잊지 마, 누군가가 너를 살게 했어'라는 메시지를 관객의 마음에 전하고 싶었던 게 아닐까.

제8장

전쟁은 계속될 거야,
끝없이

2004년

《하울의 움직이는 성》

ハウルの動く城 / Howl's Moving Castle

마법과 과학이 공존하는 세계. 모자가게에서 일하는 소피는 어느 날, 마을에서 만난 하울에게 마음을 빼앗긴다. 하울은 아름답지만 어딘가 위험한 분위기를 풍기는 마법사였다. 그날 밤 황야의 마녀에게 저주를 받아 노파의 모습으로 변해버린다. 하울의 움직이는 성에서 허드렛일을 하며 엉겁결에 된 소피. 격렬함을 더해가는 옆 나라와의 전쟁으로 하울은 부상을 입고, 소피는 하울을 구하기 위한 마법의 여행을 시작한다.

원작에서는 묘사하지 않은 '전쟁'

《센과 치히로의 행방불명》으로 공전의 히트를 기록한 미야자키 하야오는 차기작으로《하울의 움직이는 성》을 선택한다. 이 작품은 개봉 이틀 만에 관객 수 100만 명을 돌파하며, 당시 일본 영화로서는 역대 최고의 오프닝 스코어를 기록한 히트작이 되었다.

이 영화에서 강조할 포인트는 지금까지 미야자키 하야오가 제작한 작품들과 판타지적 요소가 같으면서도 '전쟁'과 '싸움'이라는 주제와 관련 있는 등장인물, 그 가족들을 주인공으로 그렸다는 점이 아닐까 싶다.

이 영화는 영국 작가인 다이애나 윈 존스가 쓴 동명의 판타지 소설을 원작으로 한다. 전체적인 스토리와 설정은 비슷하지만, 영화와 달리 원작에는 전쟁이 거의 묘사되어 있지 않다. 미야자키 하야오는 왜 원작에 없는 전쟁이라는 주제를 집어넣었을까?

이라크 전쟁과 아카데미

미야자키 하야오는 해외 언론인 뉴스위크와의 인터뷰에서 속내에 가까운 발언을 한 적이 있다. 《센과 치히로의 행방불명》으로 아카데미 시상식에서 장편 애니메이션상을 받았을 때를 회고하며, 그는 이렇게 말했다.

> 그때는 미국이 이라크와의 전쟁을 막 시작했을 무렵이었죠. 저는 그 사실에 무척 분노했기에 상을 받아야 할지 조금 주저했습니다. 당시 제작을 막 시작했던 《하울의 움직이는 성》은 이라크 전쟁에 큰 영향을 받은 작품입니다.

타임라인을 정리해 보자. 《센과 치히로의 행방불명》은 일본에서 2001년, 미국에서 2002년에 개봉했다. 아카데미 시상식에 노미네이트되어 장편 애니메이션상을 받은 것은 그다음 해인 2003년 3월 23일의 일이다. 시상식 3일 전인 3월 20일에는 미국이 이라크 전쟁을 시작했다. 이라크가 대량살상무기를 보유하고 있다는 것이 전쟁의 이유였다.

나아가 2001년 9월 11일로 거슬러 올라가 보자. 하이재킹당한 여객기가 세계무역센터 빌딩으로 돌진했던 9·11 테러는 미국인이 중동을 적대시하는 배경이 되었다. 이러한 적대감은 이라크 전쟁으로까지 이어진다. 또한, 9·11 테러가 직접적인 원인이 되어 중동에서 또 한 번의 전쟁이 벌어지는데, 그것이 바로 아프가니스탄 전쟁이다. 이 전쟁은 2021년까지 계속되었다. 우리는 러시아의 우크라이나 침공을 보고 놀란 가슴을 쓸어내렸지만, 중동으로 조금만 눈을 돌려도 알 수 있다. 인류는 21세기에도 전쟁을 계속하고 있다는 사실을 말이다.

이라크 전쟁 초기부터 미국의 개전 이유에 의문을 가지는 목소리가 컸다. 실제로 침공 후 조사해 보니 미국이 말한 대량살상무기는 발견되지 않았다. 이는 오히려 이라크 정세에 혼란만 부추기는 꼴이 되어 석유 이권을 둘러싼 분쟁 때문에 미국이 개전을 결심했다는 소문이 돌기도 했다.

생각해 보면 미국은 건국 이래 꾸준히 다른 나라에서 전쟁을 벌여온 나라다. 수렁에 빠진 중동 지역의 정세는 베트

남 전쟁처럼 미국이 남긴 오점으로 기록되었다.

다카하타 이사오처럼 좌파적 성향이 짙은 미야자키 하야오는 베트남 전쟁 또한 몹시 부당하다고 말한 반전 사상가이기도 하다. 정의라는 이름 아래, 이유 모를 전쟁을 반복하는 미국 같은 나라의 평가를 받고 싶지 않다는 생각이 인터뷰에 드러났던 것으로 보인다. 실제로 미야자키 하야오는 시상식에도 참석하지 않았다. 같은 해, 장편 다큐멘터리상을 받은 《볼링 포 콜럼바인Bowling for Columbine》의 마이클 무어 감독은 상을 받는 자리에서 부시 정권을 비판하기까지 했다.

《센과 치히로의 행방불명》이 아카데미상을 받은 2003년은 2004년에 개봉 예정이던 《하울의 움직이는 성》을 한창 제작하던 시기였다. 이와 같은 이유로 순수한 판타지 소설이었던 원작은 전쟁의 어리석음을 묘사한 '주제성이 짙은' 영화로 탈바꿈하게 되었다.

애국심이 강한 국가

애초에 소피와 하울이 사는 세계는 어느 시대를 배경으로 삼았을까? 우선, 초반에 소피가 여동생 가게로 가기 위해 모자가게를 나서는 장면에 주목할 필요가 있다. 이때 소피는 모자가게를 나서자마자 하늘을 올려다본다. 펄럭이는 국기와 하늘을 나는 비행기가 눈에 들어온다. 그 후, 떠들썩한 음악과 함께 사람들이 깃발을 휘두르며 군인들에게 응원을 보낸다. 많은 꽃잎이 흩날리는 모습도 보인다. 이른바 일반 시민들의 '애국심'이 강하게 드러나는 장면들이다. 마치 제1차 세계대전 당시 유럽의 모습과도 무척 닮았다.

제1차 세계대전 무렵의 유럽은 점차 민주화로 나아가고 있었다. 귀족이나 왕족이 지배하던 나라는 시민 혁명으로 인해 하나둘 해체되었고, 역사의 주역이 귀족과 왕족에서 민중으로 변화하던 시기였기 때문이다. 오늘날까지 이어지는 '국민국가'라는 국가관, 민족관이 전 유럽으로 번져나가기 시작한 열광의 시대였다.

마찬가지로 《하울의 움직이는 성》에도 애국심 충만한 민중이 전장으로 향하는 군인들에게 열렬한 환호를 보낸다. 미야자키 하야오는 제1차 세계대전 무렵의 유럽을 모티프로 제작한 초반 장면을 통해, 오늘날의 전쟁을 풍자하고 싶었을지도 모른다.

사실 이 광기와 흥분이 뒤섞인 모습은 과거 유럽뿐 아니라 일본에서도 볼 수 있었다. 일본이 무모한 전쟁을 벌였던 제2차 세계대전도 그중 하나지만, 제2차 세계대전이 끝났을 당시 미야자키 하야오는 다섯 살이었으니 이 무렵의 기억은 거의 없다고 할 수 있다.

또 다른 열광의 시기는 고도 경제 성장기다. 1964년 도쿄 올림픽은 그러한 시대의 분위기를 상징한다. 제2차 세계대전에서 패배한 뒤 국가의 거짓말에 환멸을 느낀 일본인들은 이 행사 하나로 갑자기 손바닥 뒤집듯 태세를 전환해 일본 만세를 외치며 열광의 소용돌이를 만들어 냈다.

당시 미야자키 하야오의 나이는 스물네 살이었다. 이제 막 '도에이 동화'에 입사해, 제대로 결과를 내지도 못하고 좌충우돌하던 시기였다. 세간의 샐러리맨 생활은 경제 성장과 함께 매일 나아지고 있었지만, 자신은 바깥의 세계와 동떨어진 박봉의 신입 애니메이터였으니. 아마 그의 눈에 도쿄 올림픽은 자신과는 관계없는 아주 시시한 행사로 비추어졌을 것이다.

열광하는 군중 사이에 끼지 않고 담담하게 생활하는 소피의 모습은, 민중이 하나로 뭉친 전쟁이나 열렬한 애국심으로부터 한발 물러선 미야자키 하야오의 시선을 엿볼 수 있는 대목이다.

사라예보 사건과 허수아비의 저주

《하울의 움직이는 성》의 시대적 배경이 제1차 세계대전 당시 유럽과 비슷하다고 생각하는 이유는 또 있다. 바로 극 중에서도 '사라예보 사건'이 일어났다는 사실이다.

이 사건은 오스트리아 황태자가 세르비아인 학생에게 암살당한 사건으로, 제1차 세계대전의 도화선이 되었다. 《하울의 움직이는 성》에서 일어난 전쟁은 하울의 스승인 마녀, '설리만'이 이웃 나라 왕자를 허수아비로 만들었기 때문이었다. 즉, 왕자의 변신이 전쟁의 방아쇠를 당겼다는 점에서 사라예보 사건과 일치한다.

당시 신문에 실린 사라예보 사건의 일러스트

설리만은 왜 이웃 나라 왕자를 허수아비로 만들었을까? 그 이유는 사실 그가 강력한 마법사였기 때문이다. 《하울의 움직이는 성》에 등장하는 후반부 장면에서 그 근거를 찾을 수 있다. 설리만은 수정에 투영된 소피 일행을 바라보는 신으로, 허수아비는 인간의 모습으로 돌아와 그대로 봉을 타고 하늘을 날아 자신의 나라에 돌아간다. 그런데, 저주가 풀려 인간의 모습으로 돌아간 왕자가 어떻게 하늘을 날 수 있었을까? 앞서 서술한 것처럼 사실 그는 마법사이기 때문이다.

'왕자가 마법을 쓸 수 있다'라는 사실은 하울이 사는 나라에도 아주 큰 위협이었는데, 그곳에서는 왕족이 마법을 쓸 수 없기 때문이다.

소피가 하울의 어머니로 변신해 설리만을 만나러 가는 장면만 해도 그렇다. 그때 국왕으로 변신한 하울이 비행기를 타고 왕궁을 방문하는데, 만약 국왕이 마법사였다면 비행기가 아닌 마법으로 하늘을 날아 왕궁으로 갔을 것이다. 무엇보다 설리만이 궁정 마법사로서 후한 대접을 받는 것 또한, 왕족에게는 마법이 특수한 능력이기 때문이다.

마법사 왕족이 다스리는 이웃 나라는 아마도, 먼 옛날 마법사가 세운 '마도 제국'과 같은 나라로 추정된다. 그래서 하울의 나라는 조금이라도 이웃 나라의 전력을 약하게 만들어야 했다. 그 결과, 강력한 마법사 중 한 명이자 미래를 짊어질 왕자를 허수아비로 만들어 버린 것이다.

하울의 나라에서는 왕족이 마법을 사용하지 않으므로, 오직 과학의 힘으로 싸워왔다. 그러나 그것만으로는 맞설 수 없었기에 설리만과 같은 마법사의 힘을 빌려 왕립 마법 학교를 세우고 하울과 같은 우수한 마법사를 육성한 것으로 보인다.

마법과 과학의 대립

이 영화에 등장하는 이웃 나라는 마법의 힘을 사용하고, 하울의 나라는 과학의 힘을 사용한다. 서로 다른 두 나라가 대립하는 이른바 '마법과 과학의 대리전쟁' 구도가 엿보인다. 이외에도 마법과 과학의 대립은 또 다른 여러 장면을 통해 알 수 있다.

대표적으로 황야의 마녀와 소피가 설리만을 만나러 가는 장면을 꼽을 수 있다. 설리만은 쇠약해진 황야의 마녀를 보고 "원래 나이로 돌려놓은 것뿐이에요"라고 말한다. 이처럼 황야의 마녀는 원래 나이가 아주 많았음에도, 자신의 강력한 마법을 사용해 외모를 바꾸었다.

게다가 설리만은 강렬한 전구 빛으로 황야의 마녀가 가진 마력을 빼앗는다. 과학 기술 결집체로 불리는 전구 빛에 강력한 마력이 패배한 이 에피소드는 말 그대로 마법과 과학의 대립을 상징하는 에피소드가 아닐 수 없다.

그 밖에도 하울 일행이 이사한 곳에 이웃 나라의 폭격이 떨어지는 장면을 떠올려 보자. 급격하게 발전한 폭탄과 폭격기의 기술을 통해 과학이 마법을 뛰어넘고 있다는 사실을 엿볼 수 있다. 사실 그때까지의 폭탄은 단순히 투하해 터뜨리는 것에 불과했지만, 후반부터 폭탄의 신관이 새로운 형태로 바뀐다. 신형 폭탄에는 도화선 같은 것이 달려 있고, 강제적으로 폭발하는 구조다.

그때까지의 하울이라면 떨어지는 폭발을 막고도 남았겠지만, 중정에 폭탄이 떨어지는 장면에서는 자신도 폭탄과 함께 떨어지고, 하나 정도 불발시키는 게 고작이었다. 폭탄 기술의 진화가 하울의 마력을 뛰어넘기 시작한 것이다.

이러한 묘사로부터 여러 가지 재미있는 사실을 끌어낼 수 있다. 하나는 방금 설명한 것처럼 이 영화가 마법과 과학의 대립을 표현하고 있다는 해석이다.《마녀 배달부 키키》에서 이야기한 마녀 가치의 하락과 같은 맥락이다. 한 사람의 재능만으로 시대를 바꿀 수 없고, 전쟁도 멈출 수 없다. 영화 감독인 자신들이 반전을 호소해도 현실에서는 전쟁이 사라

지지 않는다. 그가 표현하고자 했던 것은 이러한 대립 구조인 셈이다. 그리고 마법과 과학의 대립을 신기술에 의한 구기술의 타도로 받아들여 이 또한 제1차 세계대전, 나아가 전쟁의 평소 모습을 보여주고 있다는 해석도 있다.

제1차 세계대전은 전차, 전투기, 독가스, 잠수함 같은 전쟁 스타일 그 자체를 바꾼 신기술이 도입된 전쟁으로 유명하다. 또한, 이어지는 제2차 세계대전에는 모두 잘 아는 핵폭탄이 투입되었다. 오늘날 인류에게 우주 개발의 꿈을 꾸게 하는 로켓 기술 또한, 제2차 세계대전이 그 시초였다.

무대 미술의 시선으로 본 《하울의 움직이는 성》

전쟁은 이 영화의 무대 미술에도 치밀하게 표현되어 있다. 『스튜디오 지브리 입체건축전 도록ジブリの立体建造物展』을 보면 도쿄대학 명예 교수이자 건축가인 후지모리 데루노부는 하울의 성에 대해 다음과 같이 이야기했다.

하울의 성 내부는 중세 고딕풍이다. 미야자키 씨의 이미지 보드에 '안쪽으로 열리는 문'이라는 메모가 달려 있다.

유럽의 문은 모두 안쪽으로 열린다. 문을 이렇게 달면 외부에서 적이 침입하는 것을 막기 쉽다. 자물쇠가 부서져도 문에 빗장을 대거나, 무거운 가구로 막아둘 수 있으니 말이다. 일본에서는 안쪽 공간을 넓게 사용할 수 있도록 문이 바깥쪽으로 열리는 곳이 많은데, 적의 습격이나 전투에 대비해 세운 건축물들은 문이 안쪽으로 열리게 되어 있다.

이처럼 미야자키 하야오는 폭탄이나 기술을 등장시켰을 뿐 아니라, 미술적인 면에서도 제1차 세계대전을 연상하게 하는 유럽풍의 디테일을 자세히 묘사하려고 노력했다.

하프팀버half timbered 양식의 집

《하울의 움직이는 성》을 제작하기 위해 미술 감독들은 프랑스의 알자스 지방으로 취재를 떠난 적이 있는데, 후지모리는 그림 묘사만으로도 영화의 배경이 알자스 지방이라는 사실을 충분히 전달받았다며 그 성과에 대해서도 짚고 넘어갔다.

건물은 독일에서 자주 활용하는 하프팀버 양식이 적용되었다. 프랑스는 건물을 지을 때 목재를 써서 세로 라인을 강조하지만, 독일은 나무를 X자로 교차하는 것이 특징이다. 영화의 배경이 된 알자스 지방은 알프스산맥의 산기슭이라, 산림이 울창하며 목조 건물이 많다. 하프팀버는 '반목조'라는 뜻으로, 윗부분은 나무지만 아랫부분은 벽돌이나 돌로 만들어져 있다. 또한 지붕의 급격한 경사는 이곳이 알프스산맥의 북쪽, 즉 눈이 많이 내리는 지역이라는 것을 상징하기도 한다. 알자스 지방은 독일과 프랑스 국경 사이에 있는 지역이다. 원래는 독일계 알자스인이 살던 독일어 문화권이었지만, 철광석과 석탄이 풍부한 공업지대라 이 지역을 두고 프랑스와 독일이 쟁탈전을 벌이게 된다. 그 결과, 제2차 세계대전 이후로는 프랑스령이 된 복잡한 역사를 가진 지역이다.

이처럼 알자스 지역과 전쟁 사이에는 떼려야 뗄 수 없는 역사적 배경이 있다. 그래서 전쟁에 관한 메시지를 던지고자 했던《하울의 움직이는 성》에 가장 적합한 무대였을 것이다. 또한, 철광석이나 석탄 쟁탈전으로 인해 전쟁이 일어났다는 점 역시 오늘날 석유를 둘러싸고 이권 전쟁을 벌이는 미국에 대입할 수 있다.

하울의 나라=독일 제국

제1차 세계대전과도 관련이 깊고, 알자스 지방을 배경으로 새로운 과학 기술을 활용해 싸우는 곳. 이미 눈치챈 사람도 있겠지만 소피 일행이 사는 나라는 과거의 독일 제국이다. 알자스 지방은 제1차 세계대전 발발 당시 독일의 제국령이었다.

1871년에 세워진 독일 제국은 과학 기술의 발전에 적극적이었다. 자동차 산업을 부흥시킨 것으로 유명한 고틀리프 다임러와 카를 프리드리히 벤츠, 결핵균과 콜레라균을 발견한 로베르트 코흐, X선을 발견한 빌헬름 콘라트 뢴트겐 등이 이 시대 사람들이다.

또한, 독일 제국 등장 전까지 독일은 하나의 국가로 통일된 적이 없던 나라였다. 그래서 당시 시민들은 통일 제국이 탄생하기를 간절히 바랐다. 《하울의 움직이는 성》에 나오는 장면처럼 귀족이 아닌 시민들은 군인을 응원했고, 자국의 승리를 기원하는 애국심이 강하게 뿌리내리던 시기였다. 그러나 독일 제국은 패전했고 거액의 배상금을 물면서 붕괴하고 말았다.

독일 제국의 제1차 세계대전 패배는 《하울의 움직이는 성》과 밀접한 연결 고리가 있다. 이 영화의 후반부에는 '이 바보 같은 전쟁을 끝내겠다'라는 설리만의 대사가 등장한다. 우여곡절 많던 이야기가 갑자기 끝나버리는 이야기 구조의 붕괴는 미야자키 작품의 단골 메뉴지만, 이번에는 이에 대해 언급하지 않기로 하겠다. 여기서 설리만은 다른 나라와의 평화 조약을 체결해 전쟁을 종식하려는 것처럼 보인다. 그러나 사실 이 평화 조약은 자신들의 패배를 이웃 나라에 알리는 항복 조약과 다름없다.

소피 일행이 있던 곳은 폭탄이 대량으로 떨어져 완전히 초토화되었다. 극 중에서는 이러한 모습이 반격할 병력과 설비 모두를 거의 상실한 상태로 정확히 묘사되었다. 게다가 초반의 항구 신에서 환호성을 받으며 출항했던 함대는 금방이라도 가라앉을 듯 엉망인 상태로, 심지어는 한 척만 귀환했다. 상황이 이러하니 설리만을 비롯한 국가 수뇌부에게 남겨진 선택지는 항복 선언뿐이었다.

제2차 세계대전의 시작

이들은 항복 조약을 맺고 이웃 나라와의 전쟁을 끝낸다. 비로소 소피와 하울은 싸움이 없는 평화로운 세상에서 사는 것처럼 보이지만, 사실은 그렇지 않다.

후반부에 설리만 선생이 '이 바보 같은 전쟁을 끝내겠다'라는 말을 한 뒤 구름 사이로 비행선이 날아오는 장면이 있다. 카메라가 위로 이동하면서 비행선 위에 하울의 성이 있는 모습을 보여준다. 이 장면은 아무 생각 없이 그린 소피 일행의 뒷이야기가 아니라, 다시 전쟁의 시대가 도래한다는 사실을 암시하고 있다. 해당 컷의 그림 콘티에 '전쟁은 금세 끝나지 않는다'라고 적힌 메모를 그 근거로 들 수 있겠다. 또 다른 근거로는 개봉 당시 월간 『사이조』에 실렸던 스즈키 도시오의 인터뷰를 들 수 있다. 내용은 아래와 같다.

마지막 장면은 어땠나요? 비행기들이 날아다니고 있었 잖아요. 미야자키 감독 입장에서는 이미 새로운 전쟁이 시작된 겁니다. 그 비행기들은 귀환하는 게 아니라 다시 전쟁터를 향해 나아가는 것들이거든요.

전쟁에서 패배했으므로 다시 전쟁을 선택한다는 묘사는 그야말로 제1차 세계대전에서 패배한 독일 제국의 모습 그 자체다.

제1차 세계대전에서 패전국이 된 독일은 베르사유 조약으로 막대한 배상금을 물게 된다. 그 후 민주 국가로서 다시 태어나지만, 얼마 지나지 않아 그 민주 국가의 수장으로 아돌프 히틀러가 선출된다. 히틀러의 독재로 인해 사기가 오른 독일은 또다시 폴란드를 침공하며 제2차 세계대전을 일으킨다. 하울의 나라에서 일어나고 있는 일은 제1차 세계대전, 제2차 세계대전 때의 독일과 별반 다르지 않다. 이처럼《하울의 움직이는 성》은 독일 그 자체를 묘사하고 있다고 해도 과언이 아닐 것이다.

미야자키 하야오는 독일 제국과 비슷한 가공의 세계를 무대로 제1차 세계대전을 그려냈고, 마지막에는 제2차 세계대전까지도 암시했다.《하울의 움직이는 성》에 영향을 미친 이라크 전쟁으로 되돌아가 생각해 보면, 이라크 전쟁이 끝나도 다음 전쟁은 다시 일어난다는 점, 슬프지만 지금도 전쟁은 계속되고 있다는 점. 미야자키 하야오는 그러한 어리석음을 묘사하고 싶었을지도 모른다.

앞서 소개한 인터뷰에서 스즈키 도시오는 이런 이야기도 했다.

> 오늘날, 현실 세계는 어떤가요? 수많은 전쟁이 어느 날 갑자기 시작되었다가 갑자기 끝나고, 금세 다시 시작됩니다. (중략) 현실 세계의 전쟁에 관해 이야기하자면 사실 잘 모르겠습니다. 특히 중동 문제는 그 원인조차 알기 어렵지요. 평범한 사람이 평범하다고 느끼는 일을 그대로 영화에 녹여내면 이렇게 표현할 수 있겠다고 생각했던 건 아닐까요?

설리만의 갑작스러운 항복 선언과 뜬금없는 비행기의 등장으로 끝나는 마지막 장면. 기승전결도 이야기의 개연성도 사라지고 만 이 장면은 시작과 끝을 알 수 없는 전쟁을 막을 힘이 우리에게는 없다는 불합리함을 나타내는 것일지도 모른다.

《천공의 성 라퓨타》와 《하울의 움직이는 성》의 대립

전쟁을 주제로 마지막 장면까지 해석해 보았다. 끝으로 미야자키 작품 중에서 《하울의 움직이는 성》의 엔딩이 어떤 의미가 있는지 해석하며 이번 장을 마치고자 한다.

하늘을 나는 성을 주의 깊게 살펴보자. 지상에 내려오기 위한 문이 없다는 사실을 알 수 있다. 소피와 하울이 '더는 지상으로 돌아갈 일은 없다'라고 표현하는 듯하다. 흥미로운 것은 이 마지막 장면이 《천공의 성 라퓨타》와 짝을 이룬다는 점이다.

《천공의 성 라퓨타》에 등장하는 라퓨타인들은 지상에서의 추한 싸움과 타인의 간섭을 피해 자신들만의 아성牙城을 짓는다. 그러나 '땅과 떨어져서는 살아갈 수 없다'라는 시타의 말처럼 원인 모를 병에 걸린 라퓨타인들은 하는 수 없이 지상으로 내려와야만 했다. 영화 또한 그때까지 하늘을 동경하던 파즈, 그리고 비행석으로 하늘을 자유롭게 누비던 시타 모두 지상으로 귀환하며 끝난다. 즉, 《하울의 움직이는 성》과 《천공의 성 라퓨타》의 결말은 정반대다.

《천공의 성 라퓨타》에서는 인간은 지상, 다시 말해 '사회'에 발을 딛고 살아야 한다는 메시지를 전달했었다. 그러나 미야자키 하야오는 18년 뒤 사회와 떨어져 살아도 괜찮다는 정반대의 메시지를 내세운다.

《하울의 움직이는 성》은 중력을 노쇠함의 상징으로 그려 냈다. 노파로 변한 소피가 몸이 무거워져 걷기 힘들어하고, 황야의 마녀는 약점인 햇빛에 노출되어 마력을 잃고 계단을 오르지 못하기 때문이다. 사람이 늙어간다는 점과 중력이 커진다는 점을 반드시 하나로 묶어 이야기한다.

그렇다면 중력에서 벗어나 하늘을 나는 마지막 장면은 사회적 규범이나 노쇠함과 같은 '인간이 결코 저항할 수 없는' 세계로부터 해방된 궁극의 해피엔딩이라고도 볼 수 있다. 미야자키 하야오는 《천공의 성 라퓨타》를 제작할 무렵 느낀 사회적 책임에서 벗어나, 살날도 얼마 남지 않았으니 앞으로는 자유롭게 살고 싶다며 외치려던 건 아닐까.

미야자키 하야오는 똑같은 엔딩 장면이더라도 한편으로는 세상을 향한 인간의 어리석음을, 또 한편으로는 자신을 격려하기 위한 노년의 자유를 그렸다. 이야기 구조는 변함없이 엉망이지만, 하울과 소피의 러브스토리라는 전형적인 설정 속에서 자신이 원하는 바를 겹겹이 쌓아 올린 작가로서의 역량이 느껴지는 작품이다.

제9장

그랑 맘마레의
정체

2008년

《벼랑 위의 포뇨》

崖の上のポニョ / Ponyo on the Cliff by the Sea

바다의 여신인 그랑 맘마레와 인간이었던 아버지 후지모토 사이에서 태어난 아기 물고기, 포뇨. 가출한 그녀는 자신을 구해준 인간 소년 소스케를 좋아하게 된다. 소스케는 선원인 아버지가 집을 비우기 일쑤라, 엄마인 리사와 둘이서 친구처럼 살아가고 있다. 그러던 어느 날, 바다로 끌려갔던 포뇨는 다시 소스케 곁으로 돌아오게 된다. 포뇨의 행동으로 세상의 균형이 무너지며 일대에는 소동이 벌어진다. 두 사람의 사랑은 어떻게 될 것인가?

물을 묘사하는 천재의 고뇌와 결의

개인적으로 《벼랑 위의 포뇨》에서 포뇨가 소스케를 향해 바다 위를 달리는 장면을 가장 좋아한다. 포뇨의 발이 물에 살짝 잠겨있기 때문이다. 보통 애니메이터들이 아무 생각 없이 그렸다면 이런 묘사가 나올 리 없다. 아마도 발바닥과 수면이 맞닿아 있었을 것이다. 하지만 포뇨의 달리기는 그렇지 않다. 발이 살짝 물에 잠겨있어 현실감이 살아난다.

《모노노케 히메》에서 시시가미가 물 위를 걷는 장면도 마찬가지다. 포뇨와 마찬가지로 물속에 살짝 잠긴 발꿈치가 현실감과 신비감을 연출하고 있다.

《바람계곡의 나우시카》 이전으로 거슬러 올라가 보자. TV 시리즈인 《미래소년 코난》에 등장하는 포스트 아포칼립스 세계는 온통 바다에 둘러싸여 있다. 이 모습은 업계에서도 물의 묘사에 관한 교과서로 삼을 정도로 엄청나다. 어떤 사람들은《센과 치히로의 행방불명》을 목욕탕, 바다 위를 달리는 기차, 강 등 물을 묘사한 영화로 보기도 한다. 이처럼 물은 앞서 말한 작품에서 출발해《벼랑 위의 포뇨》에 이르기까지 미야자키 하야오가 그 실력을 갈고닦아 온 주특기다.

그는 다카하시 이사오가 감독한《팬더와 친구들의 모험: 우천 서커스의 편パンダコパンダ 雨ふりサーカスの巻》에도 참여한 적이 있는데, 여기서도《벼랑 위의 포뇨》와 비슷하게 물에 잠겨버린 세상을 묘사하기도 했다.《루팡 3세: 칼리오스트로의 성》에서도 전부는 아니지만 유적이 물에 잠긴 모습이 등장한다.

CG 전성시대를 맞이한 오늘날,《벼랑 위의 포뇨》에 등장하는 물을 군이 전부 손으로 작업한 그 배경에는《니모를 찾아서Finding Nemo》가 있다고 추측해 본다.

이는 미야자키 하야오가 인터뷰에서 밝힌 내용이기도 하다.《하울의 움직이는 성》을 반성하는 의미에서《벼랑 위의 포뇨》를 전부 셀 애니메이션으로 작업했다고 말이다. 미야자키 하야오는 천재 애니메이터다. 그림으로 표현하기 어려운 사람의 움직임도 손으로 직접 생생하게 그려내는 재능을 가지고 있지만, 하필《하울의 움직이는 성》에서는 작업량이 너무 많았던 탓에 가장 중요한 하울의 성을 CG로 처리하고 말았다.

《니모를 찾아서》는《하울의 움직이는 성》을 막 제작하기 시작한 2003년에 개봉했다. 미야자키를 스승으로 모시고, 미야자키 또한 아끼는 픽사의 존 래시터가 만든 이 영화는 픽사의 최신 CG 기술로 물고기들이 사는 바닷속 세계를 아름답게 묘사했다.

셀 애니메이션만의 '움직임을 표현하는' 즐거움을 스스로 포기하려던 찰나 자신의 독무대였던 물을 리얼하고 아름답게, 심지어 자신이 진저리를 치면서 사용했던 CG로 묘사한 제자가 나타난 것이다.

미야자키 하야오는 분한 마음에 심기일전하는 자세로 물의 표현에 힘을 쏟았다. 이러한 동기가 있었기에,《벼랑 위의 포뇨》는 표현을 중시한 영화로 완성되었다. 엄청난 감동을 안겨준 것과는 별개로, 이야기의 구조는 망가졌지만 말이다.

이야기의 깊이 있는 고찰은 어렵게 되었지만, 대신 이 영화에는 미야자키 하야오의 상상력을 가득 담았다. 특히 포뇨의 어머니이자 후지모토의 아내, 바다의 어머니로 묘사되는 '그랑 맘마레'에 관한 묘사는 미야자키 하야오가 원하는 것을 마음껏 표현한 가장 대표적인 사례다. 이번 장에서는 이 그랑 맘마레의 정체를 따라가 보기로 하자.

존 에머릿 밀레이의 충격

개인적으로 그랑 맘마레에 집착하는 이유는 이 캐릭터에 《니모를 찾아서》와는 또 다른 제작 동기가 숨겨져 있기 때문이다. 《붉은 돼지》에서도 소개한 미야자키 하야오의 비행기 사랑, 그리고 비행기 소설에 관한 사랑이 바로 그것이다.

미야자키 하야오는 영국 작가인 로버트 웨스톨의 팬이기도 했다. 그는 특히 일본에서 절판된 공군을 무대로 한 아동 소설, 『블랙햄의 폭격기Blackham's Wimpy』의 재출간에 공을 들였다. 이 책은 그가 편집자로서 이야기의 무대를 직접 취재해 그린 오리지널 만화 『타인머스로의 여행タインマスへの旅』을 추가해 2006년 10월에 이와나미 쇼텐에서 출간했다.

『타인머스로의 여행』 취재 차 영국으로 건너간 건 그해 2월, 2004년 《하울의 움직이는 성》을 발표한 뒤 차기작을 준

『블랙햄의 폭격기』(이와나미 쇼텐)

비하는 기간이기도 했다. 이때 미야자키 하야오는 웨스톨 취재와는 관련 없는 테이트 브리튼 미술관에도 발걸음을 옮긴다.

관계자의 이야기에 따르면 아무래도 영국으로 유학을 떠났던 나쓰메 소세키의 발자취도 따라가고 싶었던 것 같다. 이 테이트 브리튼에는 나쓰메 소세키의 소설 『풀베개草枕』에도 등장할 정도로 그의 마음을 움직였던 존 에머렛 밀레이의 〈오필리아Ophelia〉가 전시되어 있다. 이 작품을 본 미야자키 하야오 또한 나쓰메 소세키와 마찬가지로 큰 감명을 받았다. NHK의《프로페셔널-프로의 방식プロフェッショナル 仕事の流儀》에서 포뇨의 제작 현장을 취재했을 때 미야자키 하야오는 아래와 같이 이야기했다.

음, 지금까지 했던 작업이 모두 아마추어 같다는 생각을 했습니다. 이제까지의 방식대로 애니메이션을 만들어서는 안 된다고 말이죠. 막다른 길에 서 있는 기분이었습니다.

밀레이가 속한 '라파엘 전파(19세기 중엽 영국에서 일어난 예술 운동으로, 라파엘로 이전의 사실적이고 소박한 화풍을 지향했다.-옮긴이)'는 아주 세밀한 묘사로 유명한데, 〈오필리아〉 또한 예외가 아니다. 윌리엄 셰익스피어의 『햄릿The Tragedy of Hamlet, Prince of Denmark』에 나오는 공주의 죽음을 묘사한 이 그림은 강에 빠진 오필리아 공주가 노래를 부르며 강물에 떠내려가는 슬픈 장면이다. 하지만 죽어가는 아름다운 공주를 생동감 넘치게 묘사함과 동시에, 배경인 영국 시골의 자연 풍경도 정교하게 묘사했다.

미야자키 하야오는 어떤 이유로 《벼랑 위의 포뇨》 현장에서 밀레이에게 압도되었다고 말했을까? 어쩐지 이렇게 들리기도 한다. '《센과 치히로의 행방불명》과 《하울의 움직이는 성》은 실패였다. 정밀한 묘사를 위해 고민을 거듭한 끝에 CG를 사용했지만, 이는 잘못된 판단이었다. 모든 것을 손으로 그리는 시대로 다시 돌아가야 한다. 셀 애니메이션으로 돌아가 밀레이와 같은 인물들에게 도전해야 한다.'라고 말이다.

그런데 이 〈오필리아〉 속 구도는 어쩐지 익숙하다. 바로 후지모토의 배 아래에서 하늘을 향한 채 물속에 가만히 누워있는 그랑 맘마레다. 드레스를 입은 모습, 손의 위치, 그리

존 에버렛 밀레이, 〈오필리아〉, (1851~1852).

고 물이라는 모티프 모두 〈오필리아〉의 구도와 흡사하다. 미야자키 하야오가 이를 의식했는지 아닌지는 알 수 없지만, 어쨌든 그가 영국에서 받은 충격은 《벼랑 위의 포뇨》의 원동력이 되어 그랑 맘마레로 표현되었다.

참고로 나쓰메 소세키 때문에 〈오필리아〉를 보러 갔던 미야자키 하야오는 주인공의 이름인 소스케도 나쓰메 소세키 소설, 『문門』의 주인공인 노나카 소스케에서 따왔다. 토막상식을 하나 더 알려주자면, 이 소설에서 노나카 소스케는 벼랑 아래에 살고 있다. 벼랑 아래에서 위로의 이동이라니, 참으로 재미있는 변주가 아닐 수 없다.

파도의 정체와 관세음보살

그랑 맘마레는 소스케의 아버지, 고이치가 선장으로 일하는 '돌묵상어호'의 아래를 지나가며 처음 등장한다. 이때, 그 크기가 무척이나 거대하다. 바다 저편에서 나타나 배를 요동치게 만드는 눈부신 파도. 그것에 바로 그랑 맘마레다.

그랑 맘마레를 파도로 표현한 건 그녀가 바다의 상징임을 드러내는 좋은 연출이다. 자세히 보면 파도 속에서 붉은 보석과 같은 것이 반짝인다. 파도가 돌묵상어호 밑을 지나갈 때 모습을 드러내는 이 보석은 바로 그랑 맘마레의 목걸이다.

그랑 맘마레는 얼굴과 목이 형태를 이루고 있다. 목에는 목걸이를 하고 있고, 거기에 달린 붉은 보석들이 파도 속에서 반짝인다. 이를 통해 그랑 맘마레의 가슴 아래가 파도로 표현되었다는 사실을 알 수 있다. 해수면 가까이서 배영을 하듯 누운 그녀의 가슴이 바다 밖으로 올라와 파도를 일으킨다.

여기서 알아두면 재미있는 부분이 있다. 우연히 그랑 맘마레를 발견한 선원이 그녀를 관세음보살이라 부르는 장면이다. 비단 눈부시게 빛나는 자애로움을 봤기 때문에 그렇게

《벼랑 위의 포뇨》

표현한 것은 아니다. 물론, 그런 의미도 있겠지만 사실 가슴과 관세음보살은 어느 정도 연관이 있다.

오타카 도시오 세미나의 구독자가 알려준 정보에 의하면 《벼랑 위의 포뇨》의 무대가 된 히로시마현 후쿠야마시 '도모노우라'에는 그 지역 사람들에게 널리 알려진 관세음보살이 있다고 한다. 벼랑 끝에 관음당이 있어, 아부토관음阿伏兎観音이라고 부른다. 이곳은 16세기에 '모리' 가문이 세운 유서 깊은 관음당이다. 일본의 중요 문화재로도 지정되어 있다.

이곳의 관세음보살은 항해의 안전, 무사 출산을 기원하는 신이다. 그래서 출산과 육아를 상징하는 가슴 모양의 에마絵馬가 벽 한쪽에 봉납되어 있다. 사실 아부토관음과 같이 항해 안전, 출산, 육아를 관장하는 관세음보살은 일본 전역에서 볼 수 있다. 특히 오카야현이나 야마구치현과 같은 해협 안쪽 바다에서는 흔하다. 그러므로 출산과 육아를 상징하는 가슴을 떠올리는 것은 그렇게 신기한 일도 아니다. 또한 관세음보살이 항해 안전의 신이기도 하니 이처럼 바다 위로 상반신을 드러낸 거대하고 신비한 무언가와 우연히 맞닥뜨린 선원이 이를 가리켜 관세음보살이라고 말하는 것은 자연스러운 모습이다.

원래 미야자키는 지브리의 사원 여행으로 도모노우라를 방문했었다고 한다. 이곳이 마음에 들어 두 달이나 머물렀다고 하니, 아마 아부토관음에 대해서도 확실하게 파악했을 것이다. 그랑 맘마레와 관세음보살을 연관 지어 떠올릴 때 아부토관음을 염두에 두면 좋다.

그랑 맘마레는 초롱아귀

여기까지 '오필리아'와 '관세음보살'처럼 그랑 맘마레의 비주얼에 대한 이미지 소스를 소개했다. 이제부터는 겉모습이 아닌 그 정체에 관해 설명해 보겠다.

사실 이는 미야자키 하야오가 명쾌하게 대답한 부분이기도 하다. 개봉 당시 잡지에서 밝혔는데, 그 내용은 『속편 바람이 돌아오는 장소続·風の帰る場所』라는 인터뷰 모음집에서 확인할 수 있다.

일본은 이종異種 간의 결혼 이야기가 흔하니까요. 스태프들에게도 사실 포뇨의 어머니는 거대한 아귀라고 이야기해 두었습니다. 하지만 길이가 1km나 되는 아귀를

한 화면 안에 어떻게 담아야 할지를 도저히 알 수 없어서, 제대로 된 사람의 모습으로 표현하는 대신 그 크기는 마음대로 한 거죠(웃음). 이를테면 서유기 같은 겁니다. 요괴로 변한 천계의 금붕어가 지상을 3년 동안 쑥대밭으로 만들었던 에피소드가 나오지요. 천계의 시간으로는 고작 3일이었지만 말입니다. 결국, 금붕어는 관세음보살의 손에 다시 천계로 끌려갑니다(웃음).

여기에도 관세음보살이 나온다. 이 이야기를 보고 나면 포뇨를 데리고 돌아가는 그랑 맘마레는 관세음보살 그 자체다. 서유기와는 달리 마지막에 포뇨를 인간으로 만들어 지상에 남겨두지만 말이다.

그보다 더 재미있는 건 그랑 맘마레를 '아귀'라고 했다는 점이다. 종이 다른 생물끼리 결혼하는 이종 간의 혼례는 일본에서 흔히 볼 수 있는 이야기다. 가장 유명한 이야기는 『은혜 갚은 두루미』다. 유명한 이 전래동화에는 할아버지, 할머니, 두루미가 나온다. 그런데 이 책의 많은 판본 중에는 젊은 남자와 두루미가 결혼하는 이야기도 존재한다.

포뇨 또한 인간 아버지인 후지모토와 아귀인 어머니 사

이의 이종 간 혼례를 통해 태어난 아이다. 그랑 맘마레를 어머니이자 바다로서만 바라본다면 포뇨가 왜 '아기 물고기'로 태어났는지 의문이 들 것이다. 그러나 그랑 맘마레가 아귀라면 포뇨가 물고기라는 점도 이해할 수 있다.

다만, 같은 생선이라 해도 아귀와 포뇨는 그 생김새가 전혀 다르다. 포뇨의 모습이 금붕어와 닮은 건 아마도 서유기 에피소드의 영향으로 보인다.

아무튼 그랑 맘마레는 아귀다. 눈부시도록 밝은 빛을 뿜어내는 아귀. 마치 초롱아귀처럼 말이다.

아귀의 무시무시한 생태

아귀와 인간의 이종 간 혼례라니. 미야자키 하야오의 취향이 상당히 마니악하다. 하지만 사실 이는 의외로 고증이 잘 된 설정이다. 실제로 아귀는 암컷이 크고 수컷은 정말 작은데, 그 크기가 암컷의 수십 분의 일 정도라고 한다. 그랑 맘마레와 후지모토의 크기 차이가 극단적인 것처럼 말이다.

그런데 아귀는 '성적 기생'이라 부르는 아주 독특한 방식으로 번식한다. 우선, 몸집이 작은 수컷이 암컷을 문다. 그다음 수컷의 몸은 그대로 암컷 몸에 파고들어 한 몸이 되는데, 이때 눈, 지느러미, 내장 대부분이 퇴화한다. 이것이 기생이라 부르는 근거다. 수컷의 몸이 단순히 정자를 방출하기 위한 암컷의 장기가 된다고 생각하면 쉽다. 즉, 암컷에게 완전히 흡수되고 마는 것이다.

암컷은 이런 방식으로 평생 여러 마리의 수컷을 흡수한다. 상당히 무시무시한 이야기가 아닐 수 없다. 후지모토의 곁에 정착하지 않는 그랑 맘마레가 그 특유의 빛으로 다른 수컷을 유혹하고, 흡수하는 모습 또한 쉽게 떠올릴 수 있다.

후지모토의 1871년

그렇다면 후지모토는 왜 흡수되지 않았을까. 그랑 맘마레를 아귀로 설정한 것처럼 후지모토 또한 쥘 베른의 SF 소설, 『해저 2만 리Vingt mille lieues sous les mers』에 나오는 잠수함 '노틸러스호'의 생존자로 설정했다.

이 설정은 극 중에서도 암시하고 있는데, 후지모토가 생명의 물을 꺼내는 장면에서 가장 낡은 항아리에 '1871'이라는 연호가 새겨져 있다. 와인처럼 생산연도를 기록한 것이겠지만, 공교롭게도 1871년은 1869년과 1870년 사이에 연재된 『해저 2만 리』의 단행본 초판이 출간된 해이기도 하다.

『해저 2만 리』는 《벼랑 위의 포뇨》와 시대적 배경이 일치한다. 따라서 그가 그랑 맘마레의 곁에서 일하기 시작했다는 건 이미 그 이전에 『해저 2만 리』의 이야기가 끝났다고 해석해야 앞뒤가 맞는다.

후지모토는 1871년부터 지금까지 생명의 물을 정제하고, 관리하는 일을 해왔다. 그는 번식 이외의 방법으로 그랑 맘마레를 돕고 있었기에 다른 남편들처럼 동화되거나 흡수되지 않고 살아남았다고 생각할 수도 있지 않을까?

그랑 맘마레에게는 후지모토 이외에도 많은 남편이 있을 것이다. 그러나 바닷속에서 부지런히 생명의 물을 만드는 후지모토 이외의 남편이 보이지 않는 이유는 아마 그들이 이미 죽었거나, 또 아귀로 설정한 그랑 맘마레에게 이미 흡수되었다고 보는 것이 적절하다.

만일 후지모토도 나이가 들어 이러한 작업을 할 수 없게된다면 그랑 맘마레에게 흡수될지도 모른다. 이는 《신세기에반게리온》 속 인류 보완 계획과 비슷해 보이는데, 그때가 오면 후지모토가 이를 기뻐할지, 싫어할지, 무서워할지는 이 영화에 잘 드러나지 않는다. 생각보다 의외로 기뻐할지도 모르겠다.

그랑 맘마레의 발이 보이지 않는 이유

이야기의 마지막에는 그랑 맘마레가 다시 육지로 올라온다. 포뇨와 소스케를 어떻게 할지, 리사와 나란히 서서 이야기를 나누기 위해서다. 《벼랑 위의 포뇨》를 다시 볼 기회가 있다면 꼭 그랑 맘마레의 발에 주목하기를 바란다. 모든 장면에서 그랑 맘마레의 발이 꽃으로 가려져 있다는 사실을 알게 될 것이다. 한 군데가 아니라 모든 컷에서 발을 가리고 있으므로, 이는 의도적인 구성으로 볼 수 있다.

여기에는 몇 가지 설이 있다. 우선 단순하게 그랑 맘마레의 발밑을 제대로 그릴 수 없었다는 설이다. 바다의 상징이니 물고기 꼬리 모양으로 그려야 할지, 유령처럼 발을 그리지 않고 흐리게 할지, 사람 다리 모양으로 그릴지. 이렇다 할 답을 찾지 못했다는 것이다. 그리고 두 번째는 관세음보살의 연꽃처럼 신비함을 연출했다는 설이 있다.

마지막 설이 가장 재미있다. 꽃에 가려 보이지 않는 그

뒷면에 사실은 촉수가 숨겨져 있다는 설이다. 개인적으로는 이 의견을 지지한다. 그랑 맘마레는 초롱아귀이자 바다의 상징이다. 그러니 《캐리비안의 해적Pirates of the Caribbean》에 등장하는 '데비 존스'처럼 육지에 올라오지 못할 확률도 있다. 만약 그랑 맘마레가 이 예상처럼 육지로 못 올라온다면 어떻게 땅 위에 서 있을 수 있을까? 실제로 육지에 올라온 것이 아니라, 촉수 끝에 달린 발광체를 인간의 모습으로 바꾸어 육지로 뻗었다고 하면 충분히 가능하다. 그러니까 결론적으로 그랑 맘마레 본체는 바닷속에 있다는 것이다.

너무 무서운, 억지스러운 결말

그랑 맘마레의 발과는 별개로 이 장면에서 그는 리사와의 논의를 통해 포뇨의 거취를 결정한다. 포뇨와 소스케의 사랑을 확인한 그랑 맘마레는 포뇨에게 인간이 되는 마법을 걸고, 소스케에게 키스한 포뇨가 인간 소녀의 모습으로 바뀌며 이야기는 끝이 난다. 과연 어린이 애니메이션에 어울리는 해피엔딩일까?

나는 늘 대중에게 인기가 많은 미야자키 하야오의 웰메

이드 작품 뒤에는 무서운 세계와 설정이 숨겨져 있다고 생각해 왔다. 그중에서도《벼랑 위의 포뇨》는 그랑 맘마레의 정체나 다른 무엇보다도 이 마지막 장면이 가장 무섭게 느껴진다. 『속편 바람이 돌아오는 장소』에 나온 미야자키 하야오의 다른 발언을 살펴보자.

> 포뇨는 여자입니다. 그리고 소스케는 남자입니다. 아마
> 앞으로는 남자의 비애를 짊어진 채 살아가야 할 겁니다
> (웃음). 포뇨는 더욱 여성스러워질 테고요.

남자를 먹는 그랑 맘마레만이 강하고 무서운 것이 아니라, 리사도, 포뇨도, 그리고 여자는 모두 강하고 무서우며 아름다운 존재다. 이것이《벼랑 위의 포뇨》의 주제다. 이 영화는 말하자면, 미야자키 하야오의 여성관을 드러내는 영화라 할 수 있다.

앞서 언급한 리사와 그랑 맘마레의 대화 장면도 그 내용은 관객에게 일절 들리지 않는다. 멀리서 이야기하는 모습이 묘사되었을 뿐, 대사는 물론 다른 소리도 들리지 않는다. 너무나 부자연스러운 장면이다.

그도 그럴 것이 내용을 알려줄 생각이 없다면 그냥 이야기하는 장면을 잘라내면 된다. 그러는 편이 더 깔끔하다. 애니메이션은 실사 영화처럼 일단 찍어둔 뒤 나중에 편집할 수 없다. 그러므로 이 장면은 처음부터 만들지 않는 편이 나았다. 하지만 미야자키 하야오는 콘티 시점부터 이 장면에 꽤 긴 시간을 할애했다.

아마도 그는 대화의 내용을 관객이 상상하기를 원했는지도 모른다. 그 내용은 알려주지 않을 테니, 상상해서 유추해보라고 말이다. 이를 통해 리사와 그랑 맘마레가 비밀 이야기를 하고 있다는 분위기만 이해할 뿐, 중요한 내용은 알려주지 않는다는 느낌을 받기를 바랐을 것이다.

소스케의 미래는 리사와 그랑 맘마레의 대화, 포뇨의 집착에 가까운 사랑에 의해 일방적으로 정해졌다. 소스케는 포뇨를 지키겠다고 약속하지만, 그 자리에서 거절할 수도 없는 노릇이다. 여자 셋의 압박은 물론이고 마을의 운명까지 걸려 있으니 말이다.

중요한 일의 결정권은 여자가 가지고 있으며, 남자는 잠자코 이를 따른다. 이것이 바로 앞서 말한 남자의 비애다. 그랑 맘마레에게는 거역하지 못하고, 포뇨에게 휘둘리면서, 심한 피로감에 다크서클을 달고 사는 후지모토는 어쩐지 딱 소스케의 미래다.

어찌 보면 해피엔딩이라고 말하기는 애매하다. 그러나 발랄한 느낌의 주제가 때문인지, 위와 같은 느낌은 퇴색되었다. 이렇게 결론 지은 방식이야말로 《벼랑 위의 포뇨》 중에서도 가장 무서운 부분이 아닐까.

제10장

호리코시 지로 = 미야자키 하야오
이 공식은 진짜일까?

2013년

《바람이 분다》

風立ちぬ / The Wind Rises

1910~1980년대의 일본을 배경으로 하고 있다. 함상전투기인 '제로센'(정식 명칭은 0식 함상전투기로 제2차 세계대전 당시 일본 해군 항공대의 주력기—옮긴이) 설계자, 호리코시 지로의 소년기에서 청년기까지 그린 작품이다. 간토 대지진이 일어났던 시기에 만난 소녀, '나오코'와 우연히 재회한다. 두 사람은 서로 마음을 확인하지만 나오코는 결핵을 앓고 있다. 비행기 개발에 열중하는 지로를 두고 이내 숨을 거두는 나오코. 비행기의 여명기를 이끈 설계가 '카프로니 백작'과 떠난 꿈속 여행에서 지로는 나오코와 재회한다.

미야자키 하야오가 투영된 호리코시 지로

《바람이 분다》는《바람계곡의 나우시카》를 시작으로 딱 열 번째에 해당하는 작품이다. 지금까지 그가 발표한 작품처럼 판타지가 아니라, 처음으로 실존 인물을 모델로 한 이색적인 작품이다.

주인공인 호리코시 지로는 미야자키 하야오가 투영된 캐릭터라고 보는 것이 솔직한 해석이다. 비행기 오타쿠, 안경 콤플렉스, 지로의 생활로 그려낸 어릴 적 피난 경험, 여성에 대한 동경, 가정을 등한시할 정도의 일에 대한 열정 등이 엿보인다. 심지어 지로가 피우는 담배는 미야자키 하야오가 애용하는 브랜드이기도 하다. 프로듀서와 광고주에 치여 애니메이션을 만드는 미야자키 하야오, 그리고 군부로부터 전투기 개발을 요구당하는 지로의 모습은 꽤 닮았다.

영화를 통해 '자연으로 돌아가라'라고 외치지만, 정작 자기 팬들은 집에 틀어박혀 애니메이션이나 보는 오타쿠로 만들어 버렸다. 하지만 관객을 끌어들이기 위해 계속 영화를 만들어야 하는 건 미야자키 하야오의 업보다.

반면, 호리코시 지로는 일본의 승리를 위해 순수한 열정을 불태우며 비행기 제작에 몰두한다. 그러나 그렇게 만든 전투기는 살인 병기인 데다가, 자폭 특공대에 투입되며 젊은 이들의 목숨을 앗아갔다. 이는 호리코시 지로의 업보다.

호리코시 지로=미야자키 하야오라는 공식은 주인공 역의 성우가 안노 히데아키라는 사실에 방점을 찍는다. '호리코시 지로=미야자키 하야오=창작자의 업보' 이러한 공식을 세운 이야기는 일반 성우가 아니라 비슷한 삶을 살아온 제자 안노 히데아키가 제격이라고 생각한 것이다.

미야자키 하야오가 처음으로 그 속내를 드러낸 자전적 영화 《바람이 분다》에 개인적으로 100점 만점에 98점을 주고 싶다. 그만큼 현시점에 존재하는 미야자키 하야오의 작품 중 최고 걸작이다. 그래서일까. 오카다 도시오 세미나에서도 다른 작품에 비해 《바람이 분다》를 다룬 횟수가 월등히

많다. 개봉연도인 2013년에는 당시 나의 해설을 정리한 서적 『'바람이 분다'를 말하다『風立ちぬ』を語る』가 출간되기도 했다. 대략적인 내용은 그 책에서 다루고 있으니 궁금하다면 꼭 읽어보기를 바란다.

이번 장에서는 《바람이 분다》에 대한 새로운 해석을 이야기해 보겠다.

《꿈의 구장》

갑작스럽겠지만 혹시 《꿈의 구장Field of Dreams》이라는 영화를 본 적이 있는가? 1989년에 개봉한 미국 영화로, 아카데미 작품상에도 노미네이트된 작품이다. 명배우로 손꼽히는 케빈 코스트너가 주연을 맡은 신비한 분위기의 영화다.

뉴욕에서 나고 자란 주인공, 레이 킨셀라는 대학에 입학할 무렵 아버지와 사이가 틀어져 매일 싸운다. 결국 그는 집을 나가게 되는데, 그 후 아버지를 한 번도 찾지 않았고 심지어는 장례식장에도 가지 않는다. 미국의 아이오와주의 한 시골에서 농장을 운영하며 살아가던 그는 어느 날 밤, 옥수수밭을 걷다가 수수께끼의 목소리를 듣는다. "그것을 만들면 그가 온다." 그러면서 옥수수밭 가운데 야구장이 만들어지는 환영도 본다. 이 대사에서 '그것'이란 야구장을 가리키는 말이었는데, 이 시점에서 '그'의 정체는 알려주지 않는다.

어쨌든 너무 큰 충격을 받은 킨셀라는 우선 가족들을 설득해 야구장을 만들기로 한다. 주변 사람들의 비웃음에도 아랑곳하지 않고 소중한 옥수수밭 중 일부를 갈아엎어 펜스와 야간 조명까지 달린 야구장을 만든다.

어느 날, 그는 딸이 누군가와 야구장에 있는 것을 목격한다. 자세히 보니 왕년의 메이저리거로 활약했던 '조셉 잭슨'이다. 1919년, 승부 조작으로 미국을 떠들썩하게 만들었던 '블랙삭스 사건'으로 인해 메이저리그에서 퇴출당한 전설적인 선수였다. 그리고 그는 이미 이 세상 사람이 아니었다. 정식 무대에서 야구를 할 수 없었던 만큼, 죽은 뒤에도 킨셀라의 야구장처럼 외진 곳에서밖에 야구를 할 수 없었던 것으로 보인다.

이 대목부터 영화는 완전히 오컬트적으로 바뀐다. 킨셀라는 망자인 잭슨과 둘이서 야구를 하게 된다. 간단한 피칭과 배팅이었지만, 어쨌든 둘은 야구를 즐겼다. 잭슨은 야구를 할 수 있다는 기쁨에 만족하며 옥수수밭 저편으로 사라진다. 과연 계시가 말한 '그'는 잭슨이었을까? 이에 대한 답변을 계속 확인해 보자.

다음 날에도 이미 세상을 떠난 메이저리거들이 야구장을 찾아오는 초현실적인 현상이 계속된다. 이들은 꼭 낮에 찾아와 저녁에 돌아간다. 옛날에는 조명 설비가 발달하지 않았으니, 낮 게임이 많았다는 사실을 표현하려 했던 장면인지도 모른다. 어쨌든 선수들은 매일 낮에 야구장을 찾아왔고, 이윽고 시합까지 벌이게 된다.

그렇게 말도 안 되는 나날을 보내는 와중에 킨셀라는 "그의 고통을 치유하라."라는 새로운 계시를 듣는다. "새로운 계시? '그'는 잭슨이 아니었나? 게다가 고통을 치유하라니. 또 무슨 말이지? 아직 할 일이 더 남았나?" 킨셀라는 고민했다.

어느 날, 평소처럼 야구선수들이 나타나 야구를 시작한다. 저녁이 되자 돌아가는 선수들 가운데 혼자 남은 포수가 있었다. 포수 마스크를 쓰고 있어서 누군지 알아볼 수 없었지만, 곧이어 포수는 마스크를 벗고 정체를 드러낸다. 그는 젊은 시절 모습을 한 킨셀라의 아버지였다. 사실 그의 아버지는 젊었을 적 야구선수의 꿈을 키웠던 사람이었다.

킨셀라는 아버지에게 아내와 딸을 소개했고 함께 캐치볼을 한다. 둘은 미소를 지었다. 계시 속 '그'는 바로 아버지였고, '고통'이란 부자간의 틀어진 사이를 가리키는 말이었다. 이야기는 여기서 막을 내린다. 판타지 영화이지만 눈물이 나는 감동적인 내용이 담겨있다. 나 역시 감동적인 영화였다며 눈물을 펑펑 흘렸을 정도이니 말이다. 단 1초도 버릴 장면이 없는 그야말로 명작이었다.

진짜 모델은 미야자키 가쓰지

"그것을 만들면 그가 온다."

미야자키 하야오는 《바람이 분다》를 제작하면서 자기 아버지의 청년 시절을 봤을 것이다. 호리코시 지로는 미야자키 하야오뿐 아니라, 그 아버지의 모습까지도 투영된 인물이니 말이다. 평생을 쇼와사昭和史(1926~1989. 20세기 일본 연호 중 하나로, 일본 역사상 최장수 연호로 기록되었다.-옮긴이)를 연구한 작가, '한도 가즈토시'와의 대담집 『한도 가즈토시와 미야자키 하야오의 겁 많은 애국 설교半藤一利と宮崎駿の腰ぬけ愛国談義』를 살펴보자. 여기서 미야자키 하야오는 '호리코시 지로는 호리 다

쓰오와 호리코시 지로, 그리고 내 아버지를 섞어 만든 캐릭터'라고 분명하게 밝힌다. 흔히 《바람이 분다》는 미야자키 하야오의 자전적인 이야기로 인식되며, 나 역시도 처음에는 그렇게 생각했다. 그러나 본인의 말처럼 지로에게서는 자신보다도 그 아버지의 모습이 더 많이 투영된 듯하다.

미야자키 하야오의 아버지인 미야자키 가쓰지와 호리코시 지로의 공통점은 같은 시대를 살았다는 점이다. 그들은 간토 대지진과 제2차 세계대전을 겪은 세대다.

다음으로는 아내가 병들어 누워 있었다는 점이다. 가쓰지의 아내, 즉 미야자키 하야오의 어머니는 미야자키 하야오가 초등학생일 때부터 고등학생이 될 때까지 병을 앓았다. 혼자서는 일어서지도 못할 정도였다. 이때 어머니에 대한 기억은 《이웃집 토토로》에도 반영되었다.

사실, 미야자키 하야오의 어머니는 가쓰지의 두 번째 부인이다. 그 역시 지로처럼 결혼 후 얼마 지나지 않아 결핵으로 첫 번째 아내를 잃었다. 이 부분은 지로와 나오코 사이의 관계성을 닮았다.

더 나아가 가장 큰 공통점은 지로는 설계사로서, 가쓰지는 공장장으로서 둘 다 전투기의 생산에 관여했다는 점이다.

가쓰지는 형제들과 함께 비행기 부품의 항공 제조 회사인 '미야자키 항공 제작소'를 운영했다.

전투기 생산에 관여하기는 했으나, '전쟁에 가담했다'라는 의식이 희박한 것 역시 두 사람의 공통점이다. 극 중 지로의 동료로 나오는 '혼조'는 일본의 상황을 예의주시하지만, 지로에게는 그런 기색조차 보이지 않는다. 그저 눈앞에 놓인 가장 좋아하는 개발 업무에 집중할 따름이다. 이 점은 가쓰지도 비슷하다. 『한도 가즈토시와 미야자키 하야오의 겁 많은 애국 설교』에서 미야자키 하야오는 이렇게 말한다.

"다섯 대를 만들어 남쪽으로 보내도 도착하는 건 한 대뿐이야.", "미국과 일본의 비행기 다섯 대가 스쳐 지나가면 일본은 한 대만 남고, 상대는 한 대만 희미한 연기를 내뿜는다고." 아버지는 이런 이야기를 너무 많이 들었다고 한다. 하지만 사업상 필요한 정보에 전혀 귀를 기울이지 않은 채 만들기만 하면 된다고 생각했던 것 같다.

이런 식으로나마 현실감이나 상황을 살피는 능력이 없었다는 이야기도 했고,

내 아버지는 전쟁에서 지든 말든 상관없이 친구가 된 미군을 집으로 데려오던 남자였다. 당시 다섯 살이던 나는 미군이 집에 오면 일본 국기가 그려진 장난감 비행기를 숨긴 기억이 난다. 어린 나이에도 미군이 보면 난감하리라 생각했던 걸까? 왜 그랬는지 전혀 모르겠다. 어쨌든 다섯 살이던 나는 일단 숨겼다. 아마 전쟁이 일어나기 전, 내가 기억하지 못하는 세상은 잿빛투성이였을 것이다. 그런데도 아버지는 "좋은 시절이었지.", "아사쿠사가 참 좋았는데."와 같은 말을 자주 하셨다. 예전에는 그런 말을 믿을 수 없었다.

이런 에피소드도 털어놓았다.

아버지는 "전쟁을 한 건 군인들이지 내가 아니야. 스탈린도 일본인에게 죄가 없다고 하지 않았니."라는 말을 했었다(웃음).

이와 같은 에피소드를 보면 전쟁 책임에 대한 의식도 희박했던 것으로 보인다. 이처럼 지로와 가쓰지는 많은 공통

분모를 가지고 있었다. 이를 통해 미야자키 하야오가 《바람이 분다》에서 묘사하고 있는 것은 자신이 아니라 오히려 아버지에 가깝다는 사실을 알 수 있다. 물론 어디까지나 《바람이 분다》의 시작 단계에서는 호리 다쓰오와 호리코시 지로를 합쳐보자는 아이디어였겠지만, 영화를 만드는 사이 비행기라는 접점을 통해 점차 아버지의 모습이 반영되었을 것이라 예상한다.

캐노피가 강조된 이유

호리코시 지로를 주인공으로 내세운 《바람이 분다》에는 제로센이 거의 등장하지 않는다. 이상하지 않은가? 실제 호리코시 지로는 제로센의 설계자로 유명하고, 《바람이 분다》역시 주인공을 제로센의 설계자라고 소개하고 있음에도 불구하고 말이다. 이러한 점은 『한도 가즈토시와 미야자키 하야오의 겁 많은 애국 설교』에서 한도에게 지적을 받기도 했다. 영화에서는 지로가 제로센보다 먼저 만들었던 96식 함상전투기가 주로 등장한다. 제로센은 마지막에 몇 초간 십수 대가 동시에 날아오르는 장면에 등장하는 게 전부다.

이 장면은 꼭 한번 다시 보면 좋은데, 제로센 전체의 모습이 담긴 컷은 거의 없기 때문이다. 이 짧은 장면에서는 콕핏(항공기, 보트, 경주용 자동차의 조종석.–옮긴이)을 감싼 캐노피가 눈에 띈다. 그림 콘티에는 없지만, 나란히 놓인 캐노피를 클로즈업한 장면도 있는데 나는 그것을 보고 미야자키 하야오가 이렇게까지 캐노피에 집착하는 게 신기했다.

기왕 제일 마지막에 제로센을 선보일 거라면 조금 더 전체적인 모습이나 빠른 속도로 날아가는 웅장한 모습을 보여주면 좋았을 텐데 말이다. 그가 캐노피에 그렇게까지 집착한 이유는 무엇일까? 이 의문에 대한 대답 또한 『한도 가즈토시와 미야자키 하야오의 겁 많은 애국 설교』에서 찾아볼 수 있다.

> 일본의 군용기 중 내가 실제로 본 건 제로센의 캐노피뿐이다. 흙으로 된 창고 바닥에 신형 캐노피가 두 개나 놓여 있었다. (중략) 우리 집은 공장 근처에 있었다. 내가봤던 제로센의 캐노피는 분명 공장 안에 둘 곳이 없어서 창고에 보관했을 것이라 생각했다.

아버지가 만들던 캐노피는 어린 미야자키 하야오가 직접 체험했던 것이기도 하다. 그가 캐노피를 의도적으로 묘사했는지는 모르겠지만, 미야자키 가쓰오와 미야자키 하야오 부자의 존재를 떠올리게 만든다.

그것을 만들면, 그가 온다

《바람이 분다》는 미야자키 하야오가 본인의 작품을 보고 처음 눈물 흘린 영화로 자주 소개된다. 다른 작품과는 다르게 미야자키 하야오의 심금을 울리는 포인트가 있는 듯하다.

가장 결정적인 포인트 중 하나는 영화 속에서 아버지를 본 것이다. 《바람이 분다》는 지금까지의 작품과 다르게, 판타지가 아니라 실존 인물이 주인공인 작품이기도 하다. 그러나 이보다는 미야자키 하야오가 처음으로 아버지를 그려냈다는 점에서 기존의 작품과 가장 큰 차이점을 보인다.

미야자키 하야오는 영화 속에서 항상 여성, 조금 더 자세히 말하면 '어머니'를 동경해 왔다. 도라, 사츠키와 메이의 어머니, 지나, 유바바, 소피, 리사, 그랑 맘마레 모두 미야자키 하야오가 생각하는 모성의 상징과 같은 존재다.

반대로 강력한 부성에 이끌리는 캐릭터는 찾아볼 수 없다. 미야자키 애니메이션에 나오는 아버지는 이야기나 주인공을 이끄는 존재가 아니다. 그에게 있어 세계를 움직이는 것은 여성이고, 어머니다. 이 점은 앞서《벼랑 위의 포뇨》의 해설에서도 다룬 바 있다.

미야자키는 아버지를 싫어했다. 앞서 인용한 발언에도 나오듯 자신이 전쟁에 가담했음에도, 이에 대해 일말의 책임감조차 부여주지 않았기 때문이다. 『헌도 가즈도시와 미야사기 하야오의 겁 많은 애국 설교』에는 이런 에피소드도 등장한다.

어떤 영화를 봤다거나 스트립쇼를 보고 왔다는 이야기를 아무렇지도 않게 가족들에게 말하던 분이었다. "하야오, 아직 담배 안 배웠냐?", "난 네 나이에 벌써 게이샤와 놀러 다녔다고." 이런 얘기까지 했다. 그래서 난 절대로 아버지 같은 남자는 되지 말아야겠다고 생각했다(웃음).

향락주의자에 섬세함이라고는 찾아볼 수 없는 난봉꾼. 그렇게 싫어했던 아버지를 작품 속에서 그려낼 일은 없어 보였다. 그러나 결국 그는《바람이 분다》에서 아버지를 그려내고야 만다. 심지어 비판적으로 묘사한 것이 아니라, 비행기라는 꿈을 좇는 순수한 사람으로 말이다. 아버지에 대한 용서가 엿보이는 부분이다. 미야자키 하야오도 킨셀라처럼 작품을 통해 재회한 아버지와 화해하지 않았을까.

《바람이 분다》를 감독 스스로 자신의 업보를 반성하기 위한 자전적인 작품으로만 보는 건 얕은 견해다. 물론, 감독 본인을 치유하는 힐링 영화이기는 하다. 그러나 미야자키 하야오는 자기 모습만이 아니라, 아버지를 미워했던 마음마저 반성하고 싶었으리라.

> 아버지와는 많이 싸우기도 했고, 이런저런 일도 많았다. 그러나 이제 와서 돌이켜 보면 내가 아버지를 참 좋아하고 있었구나, 하는 생각이 든다.

『한도 가즈토시와 미야자키 하야오의 겁 많은 애국 설교』에 실린 미야자키 하야오의 이 말을 인용하며 이번 장을 마치고자 한다.

진화하는
미야자키 하야오

《기동전사 건담: 역습의 샤아》가 남긴 충격

도미노 요시유키는 미야자키 하야오와 동년배로,《기동 전사 건담》시리즈를 연출한 애니메이션 감독이다. 1988년 에 개봉한 그의 작품《기동전사 건담: 역습의 샤아機動戦士ガン ダム逆襲のシャア》는 애니메이션 업계에 어마어마한 충격을 안 겨줬다. 당시 나 역시도 업계에 몸담고 있었기에 잘 안다. 안 노 히데아키는 이 작품에 푹 빠진 나머지 동인지를 만들었 고, 평소라면 동업자에게 무척 엄격한 비판을 늘어놓았을 오 시이 마모루조차 입이 마르게 칭찬했다.

《기동전사 건담》의 TV 시리즈는 치밀하게 설계된 웰메 이드 작품이다. 그러나《기동전사 건담: 역습의 샤아》는 재미와 작품성 모두 놓쳐버리고 만다.

간략하게 요약하자면 이 작품은 숙적인 샤아가 지구에 소행성 엑시즈를 떨어뜨리려 하자, 이를 아무로가 막으려 한다는 이야기다. 샤아가 엑시즈를 지구에 떨어뜨리려는 이유는 인류를 숙청하기 위해서인데, 더 자세히 말하면 지구의 존재가 인간을 망친다고 여겼기 때문이다. 샤아는 '돌아갈 곳이 있는 사람은 성장할 수 없다'라고 생각한다.

이러한 메시지는 도미노 요시유키가《기동전사 건담》이전에 만든 데즈카 오사무 원작의 TV 애니메이션《바다의 트리톤海のトリトン》에서도 일관되게 그려지고 있다. 청춘은 상실과 같고, 절대로 해서는 안 될 행동의 대가로 반드시 지켜야 할 것을 잃어버려 본 사람만 성장할 수 있다고 말이다. 이는 과거를 졸업해야 한다는 뜻으로도 읽힌다.

당시 도미노 요시유키는 인간에 대한 가치나 믿음을 상실한 상태였다. 여기에 건담 시리즈는 그만 만들어야겠다는 생각을 더해《기동전사 건담: 역습의 샤아》를 만들었을 것이다.

그렇다면 샤아에 대적하는 아무로는 어떤가. 그는 새로운 건담에 탑승하고, 새로운 여자친구도 사귀었으며, '뉴 건담은 겉치레가 아니야!'라는 말도 내뱉고, 지구를 구하려고 분주히 움직인다. 건담과 인류에 대한 애착을 버리지 못하는 모습 또한 감독의 진짜 마음이다.

즉, 도미노 요시유키는 자기 안에 있는 모순된 철학이나 《기동전사 건담》의 세계관을 캐릭터로 구현해 애니메이션 속에서 싸우게 했다. 《기동전사 건담》을 만든 이가 그 세계관 안에서 또다시 《기동전사 건담》에 대해 이야기하고 있다는 뜻이지만, 나쁘게 말하면 감독의 메시지를 전달하기 위해 작품을 일부러 왜곡시킨 셈이다.

그러나 감독조차도 답을 찾지 못한 상태로 이 갈등을 그대로 묘사해버려서 이야기도 제대로 마무리되지 않았다. 그래서 엑시즈는 과연 지구에 떨어졌는지, 샤아의 본심은 무엇인지, 아무로와 샤아는 살아남았는지. 이 모든 문제에 대한 결말을 제대로 맺지 못한 채 TM NETWORK(1984년에 데뷔한 일본의 3인조 록 그룹. 《기동전사 건담: 역습의 샤아》의 엔딩 음악인 〈BEYOND THE TIME〉을 불렀다.– 옮긴이)가 부르는 엔딩 음악이 흘러나오며 작품은 그대로 끝이 난다.

'이렇게 끝나다니? 작품의 개연성까지 포기한 전개라니, 이게 애니메이션이냐!' 《기동전사 건담: 역습의 샤아》가 업계에 준 충격은 바로 이런 것이었다.

《이웃집 토토로》 이전, 《마녀 배달부 키키》 이후

일반 대중은 둘째치고, 애니메이션에 진심인 팬들 사이에서는 당시 업계를 미야자키 하야오 vs 도미노 요시유키 구도로 바라보던 사람들이 많다. 나 역시도 그중 하나다. 도미노 감독이 인터뷰에서 자주 언급하고는 했으니, 당사자들도 그 대립 구조를 의식하고 있었을 것이다. 이 상황을 조금 더 넓게 보면 미야자키 하야오와 데즈카 오사무 계열의 구도라고도 볼 수 있다. 도미노 요시유키가 애니메이션 《철완 아톰

鉄腕アトム》에도 참여했던 무시 프로덕션 출신이니 말이다.

1979년 《기동전사 건담》이 발표되면서 도미노 요시유키가 이긴 것으로 보이나, 이후 미야자키 하야오가 《바람계곡의 나우시카》로 역전에 성공한다. 스즈키 도시오가 편집장을 역임했던 진보 계열 애니메이션 잡지, 『아니메주』도 그 무렵부터 《기동전사 건담》보다 미야자키 하야오의 작품을 메인으로 내세우기 시작했다.

한편, 도미노 요시유키는 《기동전사 건담》의 성공에 얽매여 비슷한 로봇 애니메이션 제작을 요구받는다. 그러나 로봇 애니메이션인 《성전사 단바인聖戦士ダンバイン》, 《중전기 엘가임重戦機エルガイム》으로 기대 이하의 성적을 거둔 탓에 결국 《기동전사 건담》 시리즈로 돌아오게 된다. 이때 만든 것이 바로 《기동전사 Z 건담機動戦士Zガンダム》, 《기동전사 건담 ZZ 機動戦士ガンダムZZ》다. 이때까지 자신과 미야자키 하야오 모두가 피해왔던 속편을 만들게 된 것이다. 이른바 '건담의 저주'라고도 부를 수 있겠다.

그러니 1980년대 후반에 벌어진 이 대결의 승자는 확실했다. 세간에 미친 경제 효과는 둘째치고 '창작자의 격'이라는 면에서만 봐도 미야자키 하야오의 압승이었다. 도미노 요시유키가《기동전사 건담》의 속편을 발표하는 데 그치는 동안, 미야자키 하야오는《천공의 성 라퓨타》,《바람계곡의 나우시카》등의 다양한 애니메이션을 선보였으니 말이다.

그러자 도미노 요시유키는《기동전사 건담》으로부터 도망치지 않고 이를 깨부수고자 콤플렉스를 있는 그대로 드러낸 엄청난 영화들을 만들어 내기 시작한다. 도미노 요시유키에 대한 재평가가 올라가면서 미야자키 하야오도 이를 의식하지 않을 수 없었다.

《루팡 3세: 칼리오스트로의 성》,《바람계곡의 나우시카》,《이웃집 토토로》와 같은 미야자키 하야오의 압도적인 웰메이드 작품군과,《붉은 돼지》같은 자전적인 작품군을 나누는 기준이 여기에 있다고 본다.

《마녀 배달부 키키》의 경우, 딱 그 분기점에 해당하는 작품이다. 이야기 자체는 잘 짜여있지만, 애니메이션의 제작 현장을 작품 안에 반영했다는 점에서 《기동전사 건담: 역습의 샤아》의 영향을 받았을 것이다.

미야자키 하야오는 분명 1988년, 같은 해에 개봉한 자신의 영화 《이웃집 토토로》와 도미노 요시유키의 《기동전사 건담: 역습의 샤아》를 비교했을 것이다. 《이웃집 토토로》와 동시에 개봉한 《반딧불이의 묘》 역시 미야자키 하야오가 '자기 이야기'를 하게 된 계기 중 하나라고 봐도 무방하다. 교훈적인 내용의 웰메이드 판타지를 만드는 동안 자신의 스승과 라이벌 모두 애니메이션의 상식을 뒤흔드는 연출을 시도했으니, 그 모습을 보고 미야자키 하야오는 위기감을 느꼈을 것이다.

아마추어, 프로, 아티스트

《기동전사 건담: 역습의 샤아》에 감독이 자신의 이야기를 담았다는 사실은 분명 업계에 충격을 줬다. 그러나 애니메이션 업계에서 이러한 제작 방식을 시도한 적이 아예 없었던 건 아니다.

자화자찬하는 것 같아 쑥스럽지만 내가 가이낙스 설립 이전 동인 시절에 제작한 《DAICON Ⅲ》, 《DAICON Ⅳ》가 이와 같은 방식을 사용했다.

예컨대 《DAICON Ⅲ》는 한 소녀가 물을 건네받아 목적지까지 옮기는 내용이다. 이때 다양한 SF 생물이나 메카닉이 등장해 소녀를 방해한다. 그러나 소녀는 미사일이 나오는 책가방을 활용하거나 빔 사벨로 변한 자를 휘두르며 적을 무찔러 무사히 물을 목적지까지 가지고 가는 것으로 스토리가 끝난다.

이 애니메이션은 제20회 일본 SF 콘테스트의 오프닝 애니메이션으로 제작되었다. 여기서 주목해야 할 점은 만든이들이 일개 SF 마니아에 불과한 학생들이었다는 것이다. 제작과정은 드라마로도 제작된 시마모토 가즈히코의 『아오이 호노오ァォイホノォ』에도 잘 묘사되어 있으니 관심이 있는 사람은 만화를 읽어보기를 바란다.

《DAICON Ⅲ》를 제작할 당시, 나와 내 동료들은 프로 애니메이터라기보다 열성적인 팬에 가까웠다. 그리고 그 순진무구했던 마음을 상징적으로 표현하기 위해 소녀를 주인공으로 내세웠다. 더 나아가 사랑해 마지않는 SF 소재들을 여기저기에 배치한 후 대회라는 목적지로 향한다는, 그야말로 당사자들의 이야기를 담은 작품이다.

우리는 아마추어였으므로 이런 식으로 만들 수밖에 없었다. 만약에 상업 작품을 만드는 프로였다면 그 방식은 조금 달라졌을 것이다. 작가성의 유지는 기본이고, 관객을 우선으로 생각해 재미있고 완성도 높은 작품을 만드는 것이 프로이기 때문이다.

나는 작가를 세 가지 유형으로 분류한다. 자기 이야기를 하는 아마추어, 자기 이야기를 최대한 배제하는 프로, 자기 이야기를 계속 밀어붙인 결과 아마추어이지만 관객들이 열광하는 아티스트가 이에 해당한다. 예컨대 초창기 가이낙스는 아마추어, 논리와 개연성을 철저히 지키며 작품에 엄격한 잣대를 들이댄 다카하타 이사오는 프로 중의 프로, 지금의 안노 히데아키가 아티스트라고 본다.

《이웃집 토토로》가 제작될 때까지 미야자키 하야오는 탁월한 프로 애니메이터로서 '재미있는 애니메이션'을 만들고자 했다. 이후 《기동전사 건담: 역습의 샤아》에 자극을 받아 아마추어적인 생각을 받아들인 것이 《붉은 돼지》까지다. 아티스트가 되어 '엉망진창이지만 매력적인 메가 히트작'을 만들 수 있게 된 것은 《모노노케 히메》부터라고 본다. 미야자키 하야오의 지브리 애니메이션 역사는 이렇게 분류할 수 있다.

《바람이 분다》에서 보여준 진화

아티스트로 거듭난 이후에도 그의 작품은 여전히 이야기나 설정이 엉성하고 산만하다. 그런데도 끝내 관객을 설득하고야 마는 힘은 그가 애니메이터로서 가진 탁월한 역량이다.

아마추어 같은 작가성을 드러내는 것도 중요하지만, 그보다 더 큰 비중을 차지하는 게 바로 '재미'다.《모노노케 히메》부터《하울의 움직이는 성》까지의 '아티스트 시기'에 제작된 그의 웰메이드 작품들은 오락 작품 속에 투영한 미야자키 하야오의 모습을 찾기 위해 적지 않은 해석과 고찰이 필요하다.

그러나 제9장에서 설명했듯 미야자키 하야오는《벼랑 위의 포뇨》부터 속내를 드러내기 시작한다. 시간이 흘러《바람이 분다》에 이르면 누가 봐도 미야자키 하야오의 개인적인 생각이 작품에 담겨있다는 사실을 알 수 있다. 그렇게 그는 판타지가 아닌 자전적 영화를 일흔셋이 되어서야 처음으로 만들 수 있었다. 그는 이제 정말로 그리고 싶었던 것을 먼저 그리는 중이다. 이러한 점은 그가 속내를 숨김없이 드러낼 수 있는 완전한 아티스트로 진화했음을 의미한다.

《그대들은 어떻게 살 것인가》는 과연 미야자키 하야오에게 어떤 작품이 될까. 여든을 넘은 미야자키 하야오의 속내

를 한껏 들여다볼 수 있는 작품이 되었으리라. 나는 그렇게
생각하고 있다.

■ 서적

『ALL ABOUT TOSHIO SUZUKI』永塚あき子編 KADOKAWA

『風に吹かれて』鈴木敏夫 中央公論新社

『風の帰る場所』宮崎駿 文春ジブリ文庫

『続・風の帰る場所』宮崎駿 ロッキング・オン

『風の谷のナウシカ 1』宮崎駿 徳間書店

『風の谷のナウシカ 宮崎駿 水彩画集』宮崎駿 徳間書店

『ジブリの森とポニョの海』志田英邦ほか 角川書店

『ジブリの立体建造物展 図録〈復刻版〉スタジオジブリ編 トゥーヴァージンズ

『出発点』宮崎駿 徳間書店

『新訳 マクベス』シェイクスピア／河合祥一郎訳 角川文庫

『スタジオジブリ絵コンテ全集13 千と千尋の神隠し』宮崎駿 徳間書店

『スタジオジブリ絵コンテ全集14 ハウルの動く城』宮崎駿 徳間書店

『千と千尋の神隠し　千尋の大冒険』才谷遼編　ふゅーじょんぷろだくと

『誰も語らなかったジブリを語ろう』押井守　東京ニュース通信社

『天才の思考』鈴木敏夫　文春新書

『何が映画か』黒澤明・宮崎駿　徳間書店

『人間の土地』サン＝テグジュペリ／堀口大學訳　新潮文庫

『半藤一利と宮崎駿の腰ぬけ愛国談義』半藤一利・宮崎駿　文春ジブリ文庫

『飛行士たちの話』ロアルド・ダール／田口俊樹訳　ハヤカワ・ミステリ文庫

『ブラック・ジャック創作秘話』宮崎克原作／吉本浩二漫画　秋田書店

『宮崎駿全書』叶精二　フィルムアート社

『未来のプロフィル』アーサー・C・クラーク／福島正実・川村哲郎訳　早川書房

『魔女の宅急便』角野栄子　角川文庫

『もう一つの「バルス」』木原浩勝 講談社文庫

『ロマンアルバム 風の谷のナウシカ』徳木吉春ほか編 徳間書店

『ロマンアルバム 千と千尋の神隠し』渡辺季子編 徳間書店

『ロマンアルバム 天空の城ラピュタ』池田憲章構成 徳間書店

『ロマンアルバム もののけ姫』アニメージュ編集部編 徳間書店

▪ 잡지

「ジブリ鈴木敏夫に物申す！「ハウルはヒーロー失格では？」」
『サイゾー 2005年2月号 インフォバーン

「「前向きな悲観論者」の本音」『ニューズウィーク日本版』2005年
6月29日版 阪急コミュニケーションズ

▪ 그 외

　風の谷のナウシカ』（BLU-RAY） 宮崎駿 ウォルト・ディズニ
ー・スタジオ・ジャパン

「西岡事務局長の週刊「挿絵展」VOL.33 ぼくの妄想史【壱】

ウォーターハウスから始まる」（三鷹の森ジブリ美術館

HP）HTTPS://WWW.GHIBLI-MUSEUM.JP/EXHIBITION/

SASHIETEN/009161/

스튜디오 지브리의 비하인드 스토리

초판 1쇄 발행 2023년 11월 30일
초판 2쇄 발행 2024년 04월 30일

지은이 오카다 도시오
옮긴이 일본콘텐츠전문번역팀
발행인 채종준

출판총괄 박능원
국제업무 채보라
책임번역 문서영
책임편집 권새롬
디자인 홍은표
마케팅 전예리
전자책 정담자리

브랜드 크루
주소 경기도 파주시 회동길 230 (문발동)
투고문의 ksibook13@kstudy.com

발행처 한국학술정보(주)
출판신고 2003년 9월 25일 제406-2003-000012호
인쇄 북토리

ISBN 979-11-6983-800-9 03680

크루는 한국학술정보(주)의 자기계발, 취미, 예술 등 실용도서 출판 브랜드입니다.
크고 넓은 세상의 이로운 정보를 모아 독자와 나눈다는 의미를 담았습니다.
오늘보다 내일 한 발짝 더 나아갈 수 있도록, 삶의 원동력이 되는 책을 만들고자 합니다.